U0581977

名师名校名校长

凝聚名师共识
回应名师关怀
打造名师品牌
培育名师群体

　　　　　朱永远书

畅想杏坛

谭方亮 ◎ 著

我对教育的理解与探求

中国出版集团　现代出版社

图书在版编目（CIP）数据

畅想杏坛：我对教育的理解与探求 / 谭方亮著. —
北京：现代出版社，2023.3
ISBN 978-7-5231-0242-8

Ⅰ.①畅… Ⅱ.①谭… Ⅲ.①基础教育—研究—中国
Ⅳ.①G639.2

中国国家版本馆CIP数据核字（2023）第045308号

畅想杏坛：我对教育的理解与探求

作　　者　谭方亮
责任编辑　窦艳秋
出版发行　现代出版社
地　　址　北京市安定门外安华里504号
邮政编码　100011
电　　话　010-64267325　64245264
网　　址　www.1980xd.com
印　　制　北京政采印刷服务有限公司
开　　本　710mm×1000mm　1/16
印　　张　10.75
字　　数　172千字
版　　次　2023年3月第1版　　2023年3月第1次印刷
书　　号　ISBN 978-7-5231-0242-8
定　　价　58.00元

版权所有，翻印必究；未经许可，不得转载

目 录
CONTENTS

第四篇 不一样的教育

第一篇

教育理解与感悟

尚本求真，以史砺人①

——谭方亮教育思想凝练

本，指教育的根本，教育的本源；尚本，就是探教育之本，崇教育之魂。真，教育的真谛，教育的真实；求真，就是求教育之实，还教育之真。尚本求真，就是崇尚和追求本真教育。尚本求真，是我近30年教育教学实践的切身感受和真实追求。

一、问题的提出

（一）时代需求催促教育回归

教育是为未来培养人才，是把现在的孩子培养为未来需要的人才。时代不同、观念不同、思维方式不同，如果还用老方法、老标准来培养学生，要求他们像工业社会那样整齐划一、按部就班，就像电脑2.0版

---

① 该文为广州市"百千万人才培养工程"第三批教育专家培养对象结业论文，发表于《中学教学参考》2021年第10期，标题为《尚本求真，以史砺人——关注"人"的历史课堂教学生态探索》。同时刊发于《广州师训》2021年第6期记者采访文章《尚本求真，以史砺人——与广东仲元中学谭方亮校长的访谈》。

本的系统遇到了4.0版本的问题，必然是不兼容的。[①]当今时代，随着信息技术的发展，知识创新逐渐成为社会发展的主要动力，专业和技术阶层逐渐成为职业主体，社会经济结构以服务性行业为主，人们更加关注社会未来的发展趋势。时代的发展让越来越多的人认识到了教育应该有所作为。

党的十八大以来，以习近平同志为核心的党中央坚持把教育摆在优先发展的战略位置，全面深化教育领域综合改革。在2018年9月的全国教育大会上，习近平指出：立足基本国情，遵循教育规律，坚持改革创新，以凝聚人心、完善人格、开发人力、培育人才、造福人民为目标，培养德智体美劳全面发展的社会主义建设者和接班人，加快推进教育现代化、建设教育强国、办好人民满意的教育。

2018年，教育部印发了《教育信息化2.0行动计划》，强调"坚持育人为本，面向新时代和信息社会人才培养需要，以信息化引领构建以学习者为中心的全新教育生态，实现公平而有质量的教育，促进人的全面发展"。2019年，在全国教育工作会议上，陈宝生部长指出，教育系统致力于变革育人方式、增强人民群众教育获得感、回归教育规律、完善教育管理体制机制、扩大教育开放、加强教师队伍建设，教育改革发展各项工作取得了新的突破性进展。

"遵循教育规律""回归教育规律""坚持育人为本"，这些字眼反复出现于相关的教育文件中，这说明教育在顶层设计上已经有了明显的转向，有理由期待教育的春天。

（二）一线探索倒逼教育转向

目前教育存在的突出问题和短板，大家都看到了，也都在思考，也有了不少的解决办法。虽然积重难返，但不少学校和教师在教育教学实

---

① 王丹凤：《回归本真的台湾基础教育》，《湖北教育·综合资讯》2016年第7期，第76-77页。

第一篇 教育理解与感悟

践中不断探索、不断改革，积累了很多实践经验和有益做法，为教育转向奠定了实践基础。

上海市嘉定区启良中学倡导可持续发展教育思想，追求有次序的"本真教育"，从师生实际出发，扎实有效地开展教育工作，还教育本色。①浙江余姚中学根据灿烂的余姚区域文化，连接王阳明的"致良知"、朱舜水的"实理实学"等教育思想而提出的"本真教育"，实践活动效果明显。②南京市百家湖小学的"本真教育理念下多支点探究教育模式的思考与实践"是为了让孩子们真正学会学习，在学习中享受到成功的快乐而提出的。③南京市百家湖小学多年来坚持"本真教育"的办学思想，倡导"本真校园，本真教师，培育本真学生"，努力促进学校、教师和学生的共同和谐发展。④

学校层面的积极探索、一线教师的自觉实践，预示着基层教育有了实际的变动，教育的转向从下而上有了真正的行动。这为国家层面的教育决策、学术层面的教育研究提供了实践经验，它必将推动基层教育的大转向和大发展。

（三）教育培训提升教育认知

我有幸成为广州市新一轮"百千万人才培养工程"第三批教育专家培养对象。从2017年6月首次集中培训开始，迄今已是第六次培训。这些培训中，既有大量的教育教学教研的理论学习，也有课题研究、教育思想的实践指导；既有大班制的集中授课，也有一对一的个性化指导；

① 李春华：《"本真教育"：特色发展的诉求》，《新课程》2009年第7期，第76-77页。
② 王胜战：《"本真教育"的价值追求与实践》，《宁波教育学院学报》2013年第3期，第77-79页。
③ 刘志春：《本真教育理念下多支点探究教学模式的思考与实践》，《江苏教育研究：教育实践（B版）》2011年第7期，第18-19页。
④ 陈林静：《追求本真的教育境界》，《江苏教育：教育管理》2009年第6期，第62页。

既有域外的教育理念学习，也有国内上海、北京成功教育经验的观摩。一次次的学习、培训、观摩使我充实了自己的教育历程，提升了自己的教育认知，坚定了自己的教育追求。

我很享受这个培训，也非常珍惜这些难得的机会，非常重视这些有意义的安排。每一次学习都有很大的收获，也将这些收获加以提炼、总结、完善，形成了一系列学习成果。从2017年6月到现在两年半的时间，我相继在《中学历史教学参考》《广东教育》《福建教育》等刊物上发表22篇文章；出版《亲历芬兰教育》《畅享课改》2部专著；13次被邀在全国各地做有关芬兰教育的介绍。两年多的时间内，我相继被评为广东省中学历史学科带头人、广州市名教师工作室主持人、番禺区产业急需紧缺人才、正高级教师等，也被华南师范大学聘为教育硕士导师，被广州大学聘为兼职教师。感恩华南师范大学，感谢各位老师。

培训期间，我思考的问题和研究的方向在悄然改变。以前我发的文章大多是历史学科教学方面，但这两年多的时间内发了10篇教育方面的，比过去20多年发表的教育方面的文章还多。这反映了我正在经历从立足学科到超越学科的突围、从关注课堂到关注育人的转变、从重视教学到重视教育的跨越。正是这种嬗变，让我对教育的思考越来越多元、对教育的感悟越来越深刻，教育思想也越来越清晰。"尚本求真，以史砺人"应运而生。

二、理论依据

卡尔·雅斯贝尔斯（Karl Jaspers），德国哲学家，精神病学家，现代存在主义哲学主要代表之一。他以存在主义的超越理论为基础，提出了系列丰富而深刻的教育思想，他倡导教育是灵魂的唤醒与自由的生成，强调教育过程中学生主体性的发挥和教师与学生灵魂的交流。他认为："全部教育的关键在于选择完美的教育内容和尽可能使学生之'思'不误入歧路，而是导向事物的本源。""仅凭金钱人们还是无法达到教育革新的目的，人的回归才是教育改革真正条件。"①学界普遍认为，雅斯贝尔斯的教育思想就是要回归原点，寻找本真。

实际上，古往今来，不少人都有关于教育的相似论述。柏拉图认为，所谓的教育就是"唤醒沉睡的灵魂"，"使灵魂尽可能容易尽可能有效地转向的技术"。《论语》中说："君子务本，本立而道生。"君子致力于根本性的工作，根本确立了，正道就随之产生。《中庸》中说："唯天下至诚，为能经纶天下之大经，立天下之大本，知天地之化育。"唯有天下最诚的人，才能掌握治理天下的大纲，树立天下的根本道德，知晓天地化育万物的道理。《说文解字》认为："教，上所施下所效也；育，养子使作善也。"强调了教育要使人向善。陶行知曾经说："千教万教教人求真，千学万学学做真人。"求真，就是教育要尊重规律，崇尚科学，追求真知，坚持真理，真实诚信，追求真才实学。

近年来，尽管各种类型的教育改革层出不穷，但教育的真实目的并没有完全体现，教育依旧处在功利主义的"失真"状态。因而，回到原点，呼唤本真教育，越来越成为大家的共识。

南京师范大学冯建军教授的《回归本真："教育与人"的哲学探索》依据中国社会发展的现实与趋势，探讨了主体与教育、生命与教育、公民与教育、教育承认正义与美好教育生活等新时代教育人学主题，确立教育人学的思想，并以教育人学思想引领新时代的教育改革。要求回归育人初心，回归教育本真，坚持人是教育的原点，育人为本，唤醒主体生命自觉，激扬生命潜能，培育在全面发展基础上的"自由个

---

① 卡尔·雅斯贝尔斯：《什么是教育》，邹进，译，北京：生活·读书·新知三联书店1991年版。

性"。①山东师范大学高伟教授的《回归本真的教育——一种教育本体的源学考察》指出，向本真的教育回归是现代教育的重要使命。他认为教育的价值必须以人的天性伦常和天理良心为根本与依据，教育的本质规定是"正己达人"。②青海师范大学蒋开君教授认为，教育的目的不单纯是功利性的或生存性的，而是要朝向一种精神上的洗礼与觉醒。非本真教育只会遮蔽人类灵魂的双眼，阻碍人的思考，并限制人的精神自由。本真教育更加关注人的心灵世界，通过引导人认识现实来达成自识，唤醒人的灵魂并帮助人摆脱现实的奴役，最终实现灵魂的转向。③首都师范大学李筱琛认为，教育的失真和理想信仰的匮乏已经造成当代的信仰危机，解决问题的根本出路是使教育回复本真状态，使人的信仰、理想、价值有其存在的根基。④贵州师范大学愈郴说：所谓本真教育，可以认为是一种充分尊重教育对象，遵循教育规律，运用有效的教育手段对学生进行科学有效的心智开导的教育，是对处于现代社会里的世界观和人生观形成期的学生的心灵呵护与人格塑造的教育。⑤

　　卡尔·雅斯贝尔斯提出："人类的将来，取决于本真教育的能否成功。"⑥可以说，社会的进步、人类的发展都有赖于本真教育。

① 冯建军：《回归本真："教育与人"的哲学探索》，北京：中国人民大学出版社2019年版。

② 高伟：《回归本真的教育——一种教育本体的源学考察》，《内蒙古师范大学学报（教育科学版）》2004年第1期，第9-13页。

③ 李翌，蒋开君：《论人的"灵魂转向"及对本真教育的追求》，《现代教育科学》2019年第7期，第28-32页。

④ 李筱琛：《现代教育的信仰追求——本真教育》，《学理论》2012年第10期，第181-182页。

⑤ 愈郴，余小茅：《追寻本真教育之真谛》，《当代教育与文化》2013年第1期，第45-48页。

⑥ 卡尔·雅斯贝尔斯：《什么是教育》，邹进，译，北京：生活·读书·新知三联书店1991年版。

三、"尚本求真"教育观

尚本求真，其实质就是本真教育。尽管本真教育的内涵十分丰富，特征十分鲜明，但在我看来，"尚本求真"教育的内涵就是三个方面、十二个字：遵循规律、恪守科学、幸福人生。在这里，有三个关键词：规律、科学、人生。

规律，指教育的原则，包括教育教学规律、时代发展规律和学生成长规律。教育教学规律是人类在长期教育教学实践中逐步形成和积累起来的，是人类智慧的结晶，是广大教育工作者从事教育教学行为的必要前提，也是指引教育教学行为的理论基础，我们必须"择善而从"，严格遵循教育教学规律，将之渗透到所有的教育教学行为之中，并内化为自己的自觉行为。所有教育教学行为，不能"随心所欲""我行我素"，也不能"自作聪明""班门弄斧"。教育带有强烈的时代性，一定时期的教育总是与一定时代的政治、经济相适应。因而，教育必须紧紧抓住时代的需要和社会的要求。进入新时代，踏上新征程，教师要肩负新使命，教育当有新作为。任何超越时代的教育都不是正确的教育。教育的对象是学生，教育要充分遵循学生身心发展规律，充分考虑学生身心发展的顺序性、阶段性、差异性、互补性和不平衡性，不能"揠苗助长""陵节而施"，也不能"一刀切""千人一面"。

科学，指教育的方式。栽花的人，要懂得栽花方法，才能把花栽好；养蜂的人，要懂得养蜂方法，才能把蜂养好。同样，教育孩子，先要懂得科学的教育方法，才能把孩子教育好。教育教学应该选用最能体现教育真谛的知识、最能促进学生成长的方法、最能发挥教育价值的手段、最能影响学生人生的做法。科学的教育方法有经验方法和逻辑方法两种。经验方法可以来源于他人，也可以来源于自己；逻辑方法需要独立思考，理性判断。过于关注形式、单纯追求功利、片面强调分数、过度看重个体，都是不科学的。

人生，指教育的内容。人的一生需要什么？孩子的成长需要什么？这些是教育必须考虑的。"教育是人的灵魂的教育，而非理智知识和认识的堆集……谁要是把自己单纯局限于学习和认识上，即使他的学习能力非常强，那么他们灵魂也是匮乏而不健全的。"①因而，在我看来，教育应该包括心智开导、学识培养、人格塑造三个方面，说得通俗一点，也就是德、智、体、美、劳。

综合起来，我认为"尚本求真"教育的内涵就是：充分遵循教育教学规律、遵循社会发展规律、遵循学生成长规律，应用最科学的手段、最先进的技术、最有效的方式，对学生进行德、智、体、美、劳教育，培养身体健壮、智力健全、人格健康的现代人才。其最大的特征就是以生为本，回归真实。"尚本求真"教育（见图1）的出发点和归宿都是学生。远离社会功利、探索教育本源、回归教育本真，这是教育的价值诉求，也是教育的未来方向。

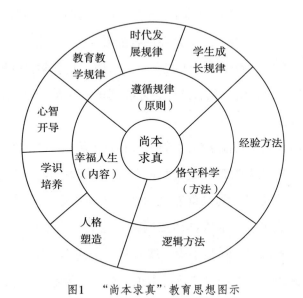

图1　"尚本求真"教育思想图示

---

① 卡尔·雅斯贝尔斯：《什么是教育》，邹进，译，北京：生活·读书·新知三联书店1991年版。

四、"尚本求真"教育实践

教育的终极目标是人，这就要求在课堂教学中必须关注"人"。我认为，在历史教学中应该关注三个人："历史上的人""课堂中的人""生活中的人"，力求做到用"历史上的人"共有的道德素养、聪明才智来引导、影响"课堂中的人"，成就"生活中的人"，帮助他们成长为生活中的"真"人。

（一）还学科之"味"

每个学科都有自己独特的规律和特点，这就是学科"味"。历史课堂必须有"历史味"，否则就不是历史课。日常的教学活动中，经常会看到缺乏"历史味"的历史课。主要表现有三种倾向：一是"串门"，恣意地跨科综合，丢掉学科性，如"辉煌灿烂的文学"上成语文课、"美术的辉煌"上成美术课等。二是"闭门"，单纯地史实传授，没有系统性。只教教材没有拓展，只顾书本没有体系，给学生的是零碎的、片段式的、干巴巴的一堆史实。三是"砸门"，随意胡言乱语，缺乏严肃性。内容上，道听途说、胡言乱语；教学上，不规范、不严谨。坚守学科阵地、挖掘学科真实、凸显学科价值。只有这样，才能真正体现课堂的"历史味"。

1. 历史时空

历史学科区别于其他学科的首要之处在于历史的时空性。几乎所有的历史事件、历史人物都能通过时间和空间准确定位，并互相串联起来；同时，这些史实之间又都有其内在的逻辑联系，就是这种逻辑关系将历史构筑成了一个浩大的历史网络。这是历史学科的最大特色，也是历史教学的起点，却是不少一线教师不关注、经常忽略之处。

以人教版必修一第19课"新民主主义革命的崛起"为例。①该课共

---

① 谭方亮：《攥在手心的才是"机遇"——新高考下的历史学科应对策略》，广州市历史名教师工作室联合教研（番禺）发言，2019年01月03日。

涉及三件大事：五四运动、中国共产党的成立、国民大革命运动，从1919年延续到1927年。从时间上看，它们依次开展，顺序进行，但彼此之间有着不可分割的联系。五四运动为中国共产党的成立奠定了思想基础、阶级基础和人才基础；中国共产党的成立及其初期活动又为国共第一次合作提供了组织基础、经验教训，中国共产党赢得了共产国际的帮助和指导；国共合作促成了四大阶级联盟、工农商学兵齐参与，推动了国民大革命的到来；但由于陈独秀的右倾错误、国民党右派的分共活动，大革命最终失败。事事相连，环环相扣，构成了历史的纵向发展。从空间上看，新民主主义革命崛起阶段的几件大事并不是在同一地方、同一区域开展，随着时局的发展，不断地发生位移。五四运动在北京兴起，后来运动中心转移到上海；中国共产党在上海成立，与此不无关系；但随着南方革命势力的迅速发展，共产党的活动中心又到了广州，在这里召开了中共三大，与国民党合作，建立了统一战线；随着北伐的进行，革命中心又逐渐从珠江流域转移到了长江流域，后来一段较长的时间，上海又成了革命运动的中心。这种空间的位移既是区域政治、经济发展不平衡的体现，也是革命运动不断发展、不断走向高涨的反映（见图2）。

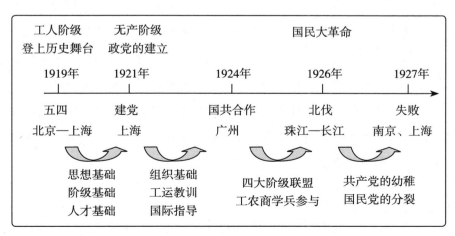

图2 "新民主主义革命的崛起"知识点之间的时空关系及逻辑关系

时空观念指引下的历史课堂，能让大家看到立体的历史，只有这样，才能激发学生学习历史的兴趣。

2. 历史记忆

"历史记忆"是2018年度历史学类十大热词排名第一。历史需要记忆，因为以史为鉴，才能更好地发展。记忆会被遗忘，也会被篡改，不同时代有不同的历史记忆，同一时代的历史记忆也会有不同的解读。学习历史就是要真实地认识历史、尽可能地还原历史。这就要求我们在将历史与现实结合的同时，多视角观察历史的差异性、多层面理解历史的独特性。

例如，对抗日战争期间的"文天祥记忆"的理解。

材料："九一八事变"后，民族危机日益加深。文天祥作为抗元典型人物被从历史记忆中挑选出来鼓舞社会民众，相关事迹不断被叙述和重复。社会各界为应对国难，从传统历史资源中发掘出民族英雄记忆进行社会动员。国民政府十分重视"文天祥记忆"的历史资源，利用各种方式宣传文天祥，试图唤醒和增强"文天祥记忆"，弘扬传统英雄人物精神应对国难。冯玉祥等抗日将领以文天祥杀身成仁、抵抗强敌的历史记忆影射国民政府不抵抗政策，国人希望出现文天祥般的人物挽救民族危亡。而抗日将领宋哲元觉得文天祥的杀身成仁偏于个人英雄行为，不适合特殊时期国家利益至上的原则。"文天祥记忆"成为各种文化创作的对象与主题，通过传记的编撰、戏剧的书写、诗文的选辑、电影的拍摄等得以唤醒和诠释，从而达到抗战动员的目的。历史教育中也积极利用"文天祥记忆"，教科书与教学读物广泛运用和宣传文天祥的爱国精神，或选编文天祥英雄事迹供学习，或选录文天祥诗文供阅读，师生们从中获得爱国情感。[1]

---

[1] 郭辉，李百胜：《历史记忆与社会动员：抗战动员中的"文天祥"记忆》，《福建论坛·人文社会科学版》2018年第6期，第68-74页。

"文天祥记忆"与政治宣传结合在一起，同样的时代背景、相似的历史记忆、雷同的历史资源，却扮演着不尽一致的"角色"。社会各界、国民政府、抗日将领、文学创作、历史教育站在不同的立场、不同的角度有着不一样的需要和解读。这就是历史！历史课堂要允许这种"异像"存在，不能"一言堂"，更不能"唯书""唯上"。

3. 历史价值

教育部考试中心负责人姜钢在《落实立德树人根本任务，进一步深化高考内容改革》中指出，要立足全面发展的育人目标，构建科学的考查内容。突出核心价值、学科素养、关键能力、必备知识的考查内容，强化基础性、综合性、应用性、创新性的考查要求。加强理想信念、爱国主义、品德修养、中华优秀传统文化、奋斗精神等方面的考查，加强独立思考、逻辑推理、信息加工、阅读理解和应用写作能力方面的考查，加强审美情趣、健康意识、劳动体验等方面的考查，加强社会实践能力的考查。[①]"四点四性四个方面"是高考考试的主要内容。其中"四个方面"中的很多内容与历史学科联系非常紧密，如理想信念、爱国主义、品德修养、中华优秀传统文化、奋斗精神可以借助相应的历史知识、历史人物来体现；独立思考、逻辑推理、信息加工、阅读理解和应用写作能力，这些本来就是历史学科的能力要求；审美情趣、健康意识同样可以通过挖掘历史而得以培养。

作为历史教师，必须明确历史教育的价值所在，充分挖掘、精准实施，将在教学中有意识地渗透变成自己的习惯性行动，给学生以"历史是有价值的"强烈意识。如"辛亥革命"一课，可以立足课程内容，挖掘其潜在的历史价值。辛亥烈士不屈不挠的英雄事迹、孙中山越挫越勇的革命精神是对学生进行人生观教育的极好素材，使学生将个人的远

[①] 姜钢：《落实立德树人根本任务，进一步深化高考内容改革》，《中国教育报》，2018-12-15。

第一篇 教育理解与感悟

大理想和奋斗目标与国家前途、民族命运紧密联系起来，形成为中华民族的伟大复兴做出贡献的历史使命感和社会责任感。《中华民国临时约法》体现的法治、民本观念是近代化的重要表现，是人类长期追求的普世价值。

（二）创体验之"境"

历史课传授的都是已经过去的事物，具有不可逆转性，不可能再现、重演。这就要求教师从学生实际出发，巧妙处理教材内容，创设历史情境，让学生在身临其境、心感其情的状态下主动得到知识。

1. 借助史料创设情境

情感体验的最好方法是借助相关资料，还原历史场景，创设历史情境，最大限度地重构鲜活的历史，引领学生穿越到当时的历史时空中，带学生"神入"历史，理解历史。[①]

对浩如烟海的史料，必须进行甄别和选择，并不是所有的史料都适合课堂、适合学生。应该参照课程标准，根据学生需要和教学内容进行选择。所有选用的史料必须充分发挥价值，或增强情感体验，或拓展教材内容，或修正教材观点，或培养思维能力，或激发学生兴趣。例如，人教版必修一"辛亥革命"一课，在课程导入时我用了两首国歌。

史料：两首国歌歌词。

清末国歌：巩金瓯，承天帱，民物欣凫藻，喜同胞，清时幸遭。真熙皞，帝国苍穹保，天高高，海滔滔。（严复作词，乐曲为康乾年间的皇家颂歌）

民国初年国歌：亚东开发中华早，揖美追欧，旧邦新造。飘扬五色旗，民国荣光，锦绣河山普照。我同胞，鼓舞文明，世界和平永保。（沈恩孚作词，沈彭年作曲）

---

① 谭方亮：《唱响课堂》，长春：吉林大学出版社2016年版。

两首歌词体现的历史信息有何不同？由此指出中国历史发展的趋势。

第一首国歌于1911年10月4日由宣统皇帝批谕，六天后武昌起义。第二首国歌于1912年2月25日由临时政府公布。两首国歌的内容、基调、意境和表达出来的思想情感与价值观念是完全不同的。"巩金瓯"是对近代主权沦丧的讽刺，"民物欣凫藻"是对人民水深火热的嘲笑，面对人民革命运动的迅猛发展，奄奄一息的清王朝仍在粉饰太平、自欺欺人，企求帝国万世永葆。不到半年时间，新的国歌则体现了革命党人"揖美追欧""旧邦新造"的决心和激扬"民国荣光"、永葆"世界和平"的愿望。通过两首国歌的对比，可以明显感受到中国社会的巨变：从维护帝国到建设民国、从宣扬皇权到歌颂民权、从国内建设到世界和平、从封闭保守到融入世界。这是历史发展的大势，不可逆转。材料中还有一个信息要引起注意，清末国歌是严复作词。严复是清末极具影响的资产阶级启蒙思想家、翻译家和教育家，是中国近代史上向西方国家寻求真理的"先进的中国人"之一，但此刻，他俨然封建专制的卫道士，反对革命共和。这为下一步学习近代思想留下伏笔，也能让学生感受到历史人物的复杂性。

2. 利用活动感知历史

丰富多彩的历史活动只要是从学生的兴趣、需要出发，就能让学生在活动中自由地畅想、大胆地假设，充分发挥其创造潜能，不断地提出问题、解决问题。历史活动就是要为学生创设良好的学习氛围，倡导以"主动参与、乐于探究、交流合作"的方式，增强学生的团队合作意识，促进学生人格的健全，在一定程度上有助于改变传统的学习方式，提高学生的历史素养。

学校的常规历史课外活动有：

（1）面向高一学生的历史辩论赛，从新生入校开始准备，历时三个月，20个班捉对"厮杀"，直到决出冠亚军。

（2）面向高二学生的历史剧表演大赛，由历史、语文、艺术三个科组负责组织，学生自编、自导、自演，经过初赛、复赛、总决赛三个阶段，从2009年开始已经连续进行了8届。

（3）特殊的假期作业：每逢寒暑假，要求学生进行历史阅读并撰写读书报告，开学后会进行读书报告分享。阅读书籍涉及范围很广，其中有关于中国古代历史变迁的，如《国史新论》《中国历代政治得失》《中国通史》《史记》等；也有讲述外国世界历史故事的，如《极简欧洲史》《五千年犹太文明史》《全球通史》等；还有各种历史伟人的传记，如《毛泽东传》《林肯传》《拿破仑传》等。这个活动让同学们不仅阅读了许多课外书，丰富了见识，充实了假期生活，而且了解了更多的历史事件、人物，提高了历史素养，更关键的是养成了阅读的习惯，这会影响他们的一生。

（4）师生共读活动：学校历来重视形成师生共读的良好氛围，每学期都会要求师生共读一本书，一方面引导教师从专业的角度指导学生阅读，形成专业兴趣，掌握历史学习方法；另一方面师生共同探究历史问题，实现教学相长。在广州市教育研究院历史科主办的2017学年第一学期广州市师生共读活动中，我校3位教师获一等奖，5名学生作品获一、二等奖，并在广州教研会上做《史学阅读促进学生历史核心素养提升的实践探索》的经验交流。

近年来，我们还配合教育行政部门或教育科研部门组织了探寻抗战史迹活动、"粤韵番禺"全境历史研学活动等。同时组织学生参加了由《中学历史教学》编辑部和中学历史教学园地网站联合举办的"园地杯"首届全国中学生历史漫画大奖赛，我校选送的参赛作品荣获一等奖2项、优秀奖1项。得分前10名的一等奖获奖作品刊登在《中学历史教学》2016年第6期，其中有高二学生吴戈雨创作的《苏联的社会建设》。参加广州市中学生历史学习嘉年华系列活动：历史漫画竞赛和现场命题创作、历史海报竞赛、历史剧创作表演大赛等；广州市"家有传家宝"数字故事竞赛活动；等等。

3. 馆校合作拓展资源

2016年12月19日，教育部等11部委联合发布《关于推进中小学生研学旅行的意见》要求中小学校结合当地实际，促进研学旅行和学校课程有机融合。这就要求开发校外课程资源，社会场馆因其本身丰富的资源，能够为学生提供大量学习的机会。就历史学科而言，博物馆是很好的教学资源。博物馆资源的情境性，能帮助学生构建真实的学习情境；博物馆资源的实物性，能有效提高学生的学习兴趣；博物馆资源的直观性，能深化学生对知识的理解与应用。正因为这样，馆校合作，利用博物馆资源丰富历史知识、拓宽历史视野越来越受到关注。近年来，我校也有过不少的尝试，先后与广东省博物馆、辛亥革命博物馆、广州市博物馆、南越王博物馆、孙中山大元帅府纪念馆、番禺博物馆、番禺文博园等有过合作。一方面将博物馆资源引入学校，如先后邀请孙中山大元帅府纪念馆来校组织辛亥革命图片展、番禺博物馆来校组织冼星海生平事迹展等。另一方面组织学生到博物馆去，直接感受历史文物的价值。例如，2019年先后组织学生参加番禺档案馆的清宫档案珍品展、番禺宝墨园的珍藏文物展、番禺余荫山房的岭南建筑图片展、辛亥革命博物馆的辛亥革命图片展等，还跟博物馆合作，共同开展活动。2017年国际博物馆日的主题为"博物馆与有争议的历史：博物馆讲述难以言说的历史"。由孙中山大元帅府纪念馆、中国国民党革命委员会广州市委员会、民盟广州市委员会联合举办"帅府群英、历史之辩"学生辩论赛。仲元中学、广雅中学等8所学校应邀参赛。仲元辩论队针对初赛辩题"辛亥革命是成功还是失败"，复赛及决赛辩题"孙中山让位给袁世凯是否正确"，凭借充分的史料收集积累、对相关观点的认识和娴熟的辩论技巧，我校学生最终获得决赛亚军。我们通过辩论赛给青年学生搭建了一个客观、全面的平台，让他们直面有争议的历史，引导他们从不同角度认识历史、了解历史，从而有所启发。

（三）重创史之"人"

"历史学是一门'人学'，因'人'有史，由史成'人'。历史的主体是人，历史活动离不开历史人物。缺少历史人物的历史课往往是空洞乏味的。历史课堂教学在关注事的同时，更要关注'事'背后的'人'，以历史的'人情味'唤醒孩子心灵中的人情味。"[1]教育的终极目标是人，作为人文学科的历史教育，更应关注人。历史教学要关注三个"人"："历史上的人""课堂中的人""生活中的人"，力求做到让"历史上的人"影响"课堂中的人"成就"生活中的人"。

但现实的课堂中，历史老师关注较多的是历史事件、历史概念，没有或者较少注意到历史人物，这样给学生的历史知识是"死"的，缺乏灵气，难以对学生产生心理和情感上的影响。

1. 重视历史人物的时代性

例如，人教版必修三"古代中国的发明与发现"一课，几乎都是历史事实，很少出现历史人物。我在上课时增加了如下一段史料，并设计了一个问题。

史料：李约瑟在《文明的滴定》中欣赏的两个发明家。

耿洵，原是岭南县令的随从，后加入南方某部落，领导叛乱，挫败后被俘。王世绩将军知道他有技术就救了他，收为家奴。耿洵得到时任皇家天文师高智宝的指导，制作了一个通过水力连续运转的浑天仪。后来，皇帝使之为官奴，安排在太史监工作。

马钧，三国时最优秀的机械制造家，被称为"天下之名巧"。喜欢思索，善于动脑，注重实践，勤于动手，尤其喜欢钻研机械。马钧长时间住在乡间，关心生产工具的改革，在农业、手工业方面有很多发

---

[1] 何林东：《寻"人"启"事"——从学生的角度闲话教学》，《中学历史教学参考》2018年第8期。

明创造，但由于封建统治阶级腐败没落，马钧的许多发明创造没有得到重视。

根据材料，概述古代中国发明家的共性，由此概括古代科技的基本特点。

从这两个小人物的身上，可以看出中国古代发明家的一些共同特性，由人物联系到发明，由发明延伸到传统科技。两个人物的引入，增添了课堂的活力，引起了学生的兴趣；这个材料的使用引申出了古代传统科技的特点，"一石二鸟"，何乐而不为呢？

2. 留意人物活动的复杂性

例如，人教版必修一"新民主主义革命的崛起"一课，教材对五四运动着墨颇多，但历史场景仅仅是点到，历史人物更是缺失，上课时有必要增加一些"人"的因素。这个"人"既可以是大人物，也可以是小人物，还可以是人物群体。例如，北京的游行学生，他们强烈抗议协约国帝国主义对中国主权的践踏，反对北洋军阀政府的卖国行径，提出了一系列合理、正义的要求，他们的行为无疑是爱国的。但在"爱国"的名义下，他们情绪失控，也做出了不该出现的事情，如"火烧赵家楼""痛打章宗祥"。很明显，这是不对的！无怪乎当时北大讲师梁漱溟说："纵然曹章罪大恶极，在罪名未成立时，他仍有他的自由。我们纵然是爱国急公的行为，也不能侵犯他，加暴行于他……绝不能说我们所做得都对，就犯法也可以使得。"[1]他主张对火烧赵家楼的学生，第一要提起公诉，不公诉不足以维持民国初年刚建立的法治；第二要当庭特赦，不特赦不足以维护学生的爱国热情。鲜活的事例形象地告诉了学生"理性爱国"的道理。

---

[1] 梁漱溟：《论学生事件》，《国民公报》，1919-05-18。

3. 关注人物发展的多变性

历史人物是多变的，务必要注意人的复杂性。避免人物研究的标签式、模式化、程式化、简单化（好人、坏人模式，非黑即白模式）。[①]历史上不乏这样的人物：在他身上有许多值得肯定的地方，但也有不足之处；在这个方面他是优秀的，但在另一个方面他又是不成功的，甚至是拙劣的；从某个角度来看，他做出了巨大贡献，但同时他可能又做出了错误的决定，给社会发展带来了不利影响。关注历史人物的多变性，就是要多方面、多层次、多阶段去把握，要留意社会大环境、大背景。

（四）寻教学之"魂"

1. 以德示人

历史教育要以"德"为魂，实现价值引领，这是新时代教育发展的需要，也是新课程方案的明确规定。历史教材中包含着大量的德育素材，只要充分挖掘、有效实施，就能达到理想的教育效果。

例如，"辛亥革命"一课，可以从以下几个方面挖掘出符合教育发展要求、符合社会现实需要、符合学生认知规律的"宝藏"。一是立足演变历程，体会宝贵的创新素养。辛亥革命期间，革命党人建立革命政党的实践、组织军事行动的策略、颁布临时宪法的文件、确立民主共和的道路、建立政治制度的尝试等无一不体现了创新。二是立足时代潮流，体会深远的现实意义。为了消弭革命，清政府进行了新政和预备立宪，进行了一些改革，客观上促进了资本主义的发展，为资产阶级民主革命准备了条件。袁世凯的手腕、帝国主义的破坏、革命营垒中的立宪派和旧官僚的攻击，迫使孙中山让出了大总统位置，但民主共和得以延续。这些都体现了中国的进步趋势不可阻挡，印证了孙中山的"世界潮流，浩浩荡荡，顺之则昌，逆之则亡"。三是立足唯物史观，形成正确

---

① 左双文：《关于近代历史人物评价的几个偏向》，《北京日报》，2014-01-20。

的历史结论。通过对辛亥革命全过程的把握，理解"辛亥精神"的内涵：为建立独立、富强、民主的国家而不断进取的爱国意识；追求社会进步（平等、自由、公正、法治）、增强人民福祉的理想信念；勇于承担民族复兴和发展使命的社会责任感与担当意识；不屈不挠、越挫越勇的意志品质；与时俱进、制度创新的精神。四是立足反思感悟，养成求真的科学态度。透过纷繁复杂的历史事件，通过对历史的正确理解，形成对武昌起义"必然"还是"偶然"、孙中山让位"理智"还是"妥协"、辛亥革命"成功"还是"失败"、民国政体"移植"还是"创新"、共和观念"深入人心"还是"任重道远"的认识，从而学会全面看待历史问题、学会历史地辩证地评价历史事件和历史人物，养成求真、求实的科学态度。

2. 主题引领

主题是课堂教学的灵魂，是教师构思课堂教学设计的基本依据和根本意图，是教学目标最主要的体现。一堂课没有主题，那就是一盘散沙。缺乏主题的课堂充其量只是若干知识的简单罗列，缺乏深度、缺乏思想。[①]

历史课程标准明确指出：历史课程最基本和最重要的教育理念，是全面贯彻党和国家的教育方针，切实落实立德树人的根本任务，坚持育人为本、德育为先，使历史教育成为形成和发展社会主义核心价值观的重要途径。[②]现行高中历史教材是以专题的形式编排的，所有单元都是按专题来设计的，课文的名称要么是专题，要么是历史概念或历史事件，主题色彩不强。为每一节课设计有明显情感倾向和价值引领的主题，有助于联结历史与现实，充分发挥"以史为鉴"的学科价值。

近年来，我很注重主题教学，即以一个主题切入教材，把相关的历

---

① 谭方亮：《历史主题教学的思考》，《中学历史教学》2016年第4期，第36-38页。
② 中华人民共和国教育部：《普通高中历史课程标准（2017年版）》，北京：人民教育出版社2018年版。

第一篇 教育理解与感悟

史知识重新整合，构建一个新的知识专题，达到既巩固知识，又提高学生思维能力、发展学生核心价值的目标。

例如，人教版必修一"明清君主专制的加强"一课，我设计的主题是"巅峰上的孤独"。[①]这个主题中的两个关键词都与课题密切相关，而且概括了明清政治制度的特点，同时把它置于中国历史长河和世界历史的大背景之中。"巅峰"是就中国政治制度的纵向发展而言的，"孤独"又是从当时世界横向发展的大势来看的。两个关键词在逻辑上也是没问题的，能到达"巅峰"的本来就少，用"孤独"是恰当的。在课程导入时，我用了这样一段话："张鸣在《中国政治制度史导论》中说，只有到了明清时期，中国的帝制才真正具有了专制的意味。所以他把这一时期的政治制度定义为'绝对王权'。方志远在《中国政治制度通史》中也说，明代政治制度的改革客观上有力地助长了皇权从强大走到泛滥，这既是皇权的末日，也是国家和民众的灾难。'会当凌绝顶'之时，放眼寰球，西方已经出现民主的曙光，中国却依旧在专制的道路上孤独前行，可谓是'雨打寒窗'，夕阳西下。"这段导入语既向学生解读了主题，又非常自然地切入了课题。

又如，人教版必修一"国共十年对峙"一课，我设计的主题是"路在何方——中共的寻路历程"（见图3）。全课围绕"路"而展开——十年中先后探索和找到了三条道路：一是大革命失败，白色恐怖笼罩全国，共产党人通过南昌起义、八七会议、秋收起义，找到了工农武装割据的道路，并经过几年的实践斗争，"星星之火"终成"燎原之势"。二是"左"倾错误导致第五次反围剿失利，工农红军通过长征，完成了战略大转移，走上了北上抗日的道路。三是在长征初期与共产国际失去联系的背景下，中共独立自主地解决了党内长期存在的分歧和矛盾，走

---

① 谭方亮的"巅峰上的孤独——历史广角镜下的明清政治制度"一课获广州市2016学年中学历史教师技能大赛优质课评比一等奖。

上了独立发展的道路（见图3）。

路在何方（中共的寻路历程）
- 腥风血雨：路在农村井冈
  （一次挫折：开辟农村根据地）
- 反围失利：路在抗日前方
  （二次挫折：实现战略大转移）
- 国际干预：路在自主绽放
  （走向成熟：独立地处理分歧）

图3　“国共十年对峙”主题设计

教学主题的设计要紧扣时代要求、契合授课内容、观照学生感受，便于重组知识，文字简洁、表述精准、通俗易懂，同时要指向明确、引人入胜、过目不忘。主题确定以后，要以主题为核心对教材知识进行重组，全课要始终围绕主题来展开，切忌主题与授课内容“两张皮”的现象。

（五）养发展之“源”

《普通高中历史课程标准（2017年版）》要求“学生通过高中历史课程的学习，进一步拓宽历史视野，发展历史思维，提高历史学科核心素养……为未来的学习、工作与生活打下基础”[①]。历史思维能力是学习和研究历史的基本能力要求，它包括辩证思维能力、扩散思维能力、创造思维能力、逆向思维能力、形象思维能力等。而其中扩散思维能力和逆向思维能力是极为重要的学科能力，也是现今学生比较缺乏的。

1. 扩散思维

扩散思维，又称发散思维或多向思维，是创造性思维的一种基本

① 中华人民共和国教育部：《普通高中历史课程标准（2017年版）》，北京：人民教育出版社2018年版。

形式，也是历史学习必备的一种重要能力。顾名思义，就是从同一点出发，由不同的方向往外延伸，从单个到多个、从单向到多向、从平面到立体。美国心理学家吉尔福特认为：扩散性思维是指"从给定的信息中产生信息，其着重点是从同一来源中产生各种各样的为数众多的输出"。

例如，从新民主主义革命这一概念出发，向外延伸可以联想到它的起点五四运动和它的领导组织中国共产党，也可以联想到与它并行的概念旧民主主义革命、社会主义革命等，这就构成了知识"一环"。再往外延伸，由五四运动想到巴黎和会、由中国共产党想到共产国际、由旧民主主义革命想到辛亥革命、由社会主义革命想到三大民主制度，这就构成了知识"二环"。再往外延伸，形成"三环""四环"……这样，就建立起一个庞大的知识网络体系，所有的知识都能在这个体系中找到落脚点。这就是扩散性思维的奇妙之处（见图4）。

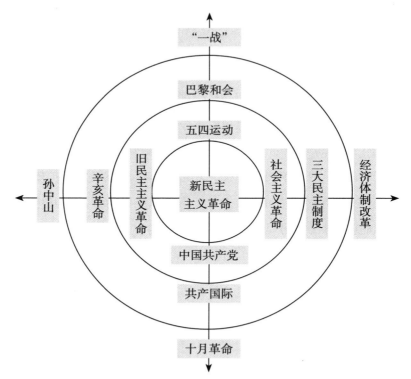

图4 "新民主主义革命"发散思维示例

2. 逆向思维

逆向思维能力，又称批判性思维能力。不少学生受到既定知识的影响、受到现有思维的束缚、受到周边环境的局限，他们往往"逆来顺受"，惯常接受，没有怀疑，也没有想过说"不"。

在"古代中国的发明和发现"一课中，我曾经两次抛出逆向思维的问题，引导学生思考。但在教学中发现，这种思维确实是当今学生最为缺乏的一种学科能力，我们任重而道远。

问题一：

材料："如果诺贝尔奖在中国的古代已经设立，各项奖金的得主，就会毫无争议地全都属于中国人。"

——（美）坦普尔《中国：发明创造的国度》

你赞同坦普尔的观点吗？

这个问题抛出后，学生的观点呈现出"一边倒"，几乎没有人反对。一方面，中国古代科技长期领先于世界，达到了西方国家望尘莫及的水平，得最高奖理所当然。另一方面，这又是美国人说的，很明显是对中国古代科技的充分肯定。但我告诉学生：我不同意。我的观点一说，部分学生立马反应过来了。他们说古代中国科技几乎都是实用的、经验的，缺乏理论概括和规律总结，不符合诺贝尔奖的授奖条件。课堂随即出现了一个讨论的小高潮，学生的兴趣一下子被激发了。同时，我的问题也将教学流程引入下一个知识：中国古代传统科技与近代科技有何不同？自然过渡、衔接流畅。

问题二：

材料：江晓原《科学外史》中的两个小故事。

故事1：1952年，中科院郭沫若请物理研究所制作一具司南作为访苏礼物，谁知用天然磁石制作的司南无论如何都无法指南。因为天然磁石的磁力远不足以克服磁勺和库盘之间的摩擦力。最后只好用电磁线圈给磁勺充磁，它才能够指南。虽然这具司南还是被作为礼物送给了苏联，但战国或汉代当然不可能有充磁的电磁线圈。

故事2：2001年6月，联合国教科文组织认定韩国发现的《白云和尚抄录佛祖直指心体要节》（印刷于1377年）为世界最古老的金属活字印刷品。

上面两则小故事说明了什么问题？由此你认为应该如何对待古代的传统科技？

很多学生对第一个小故事的解释是：古人制作司南的技术没有传承下来。对第二个小故事的解释是：韩国剽窃了中国的技术。可见，我们的学生对古代传统科技是何等的自豪和骄傲，根本没有正视这两个小故事所反映的现实问题。他们根本就没有怀疑过战国时到底有没有司南、司南到底能不能指南等这些问题。在引导学生逆向思考后，我告诉他们，过分拔高古代科技成就是一种狭隘民族主义，它与刻意贬低古代科技成就的民族虚无主义是同样有害的！

（六）探学习之"本"

教育的对象是"人"，学习的主体是"生"。在教育过程中，必须立足学生，以学生为本，把学生置于主体地位，尽可能做到"把时间交给学生、把方法教给学生、把机会让给学生"。学生是"人"，不是学习的机器，更不是随意驱使的"奴隶"。

1. 课堂留心

一方面，要关注不同层次学生的需求。一个班级的几十个学生中，每个人都是独一无二的个体，他们的想法、需求是不尽相同的。不同的学生有不同的需求，这就要求教师在立足整体、关注班级的同时，留意个性差异、因材施教、分层教学。具体来说，可以适当地放慢教学节奏，作业设置要有梯度性、课程要求可以因人而异等。另一方面，要关注每个学生学习的状态。即使是同一个人，他每天的学习状态可能都会不一样，每个时段也会有细微的区别。作为教师要特别留意这些细节的变化，因为这些细节的背后可能会有制约或影响他们学习的因素存在。留意了这些细节，往往会较好地帮助学生解决存在的问题。如果错过了这些细节，有时可能会造成意料不到的后果。

2. 学习留空

教学包括教和学两部分，但传统课堂往往把重心放在"教"的层面，对"学"的层面关注较少。不少教师备教材、备教法而不备学法；不少课堂是灌输式包办，一讲到底；不少课型只是单纯的知识传授，缺乏学科素养的渗透；不少学校只检查教案，不顾学生的学习效果。课堂上应给学生留空，适当地运用自主学习、讨论交流、质疑探究等动态学习方式，使学生在分析、吸收、内化的过程中提升学习效果。例如，在新旧知识连接处留空，提高学生解决问题的能力；在学习思维出现"偏离"时留空，培养学生解决问题的毅力；在出现新的解题思路时留空，优化学生解决问题的策略；在消化、巩固知识时留空，提升学生解决问题的策略。这就要求学校，更多地思考学生怎么"学"，在顶层上做好设计、做好规范。教师在课堂上尽可能多给学生思考的空间，尽量少讲、精讲；多给陈述性知识，少讲结论性知识，让学生自己做出判断。

3. 教学留白

教学留白是指课堂上留出思考的空白、拓展的空白，给学充分思考探究、回答问题的时间。教学留白可以引发学生积极思考，使学生大脑得到短暂的调整，使学生能够摆脱不利因素的影响。因而，教学留白是课堂教学中的一种教学艺术，既能充分挖掘教材中的空白点，引导学生合理填补，又有助于发挥学生的独特创造力及独立思考力，为学生自主理解起到铺垫和蓄势作用。例如，在课程导入时留白，"故弄玄虚"，能引发学生的兴趣和好奇心；在提问时留白，"欲言又止"，能激发学生主动思考，调动其学习的积极性；在变式训练中留白，"戛然而止"，能发挥学生的创造性；在问题争论中留白，"延迟判断"，能促使学生主动探究；在课堂小结时留白，"难得糊涂"，给学生课后探究的空间。教师巧妙留白，能让学生快速进入教学活动之中，体验到参与的乐趣，达到"无语之处成妙境，无声之处听惊雷"的教学效果。

五、结语

"尚本求真"是时代赋予的要求，也是教育实践的追求。循规律、倡科学是顺势而为，亦是蓄势而发。尽管现实社会的诱惑太多、教育所受的束缚太大、个人改变现状的作用有限，但作为"教育人"，我们理应传递真知识、培养真人才、探求真教育。

教育者应有的认识与担当

创建新校，必须有新的打算和新的担当。广东仲元中学附属学校从无到有，作为第一代仲附人，我们要不忘初心，明确责任与使命，传承仲元理念、传接仲元情怀、传递仲元力量，把学校办成有思想、有品位、有特色的优质学校。基于此，我觉得所有仲附人都应有自己的担当。

一、从"守成者"到"开创者"

"守成"的意思是保持前人创下的成就和业绩。我们大家以前所经历的工作都是在已有单位、既定岗位从事着代代传承的事情，我们要做的是按照原有的程序、要求、规章按部就班，在保持和巩固前人创下的成就与业绩的基础上，更上一层楼，再创佳绩。做得好或不好，已有评价标准；成绩高或不高，除了工作者自身的因素外，还有许多其他因素。俗话说：人在江湖，身不由己。

但从今天开始，我们从事的是"开创"性的工作，没有基础、没有起点，可谓是"前无古人"，但我们肩负着重要的使命和崇高的责任。一张白纸交到了我们手上，要把它描绘成什么样子，主动权在我们手上，最后交上了什么卷、达成了什么宏图，自有评判者。因为"时代是出卷人，我们是答卷人，人民是阅卷人"。

《贞观政要·君道》中载："太宗谓侍臣曰：'帝王之业，草创与守成孰难？'"守成有起点、有基础、有经验，但也有习惯的重负、传统的束缚；草创无基础、无借鉴、无依托，但可以尽情地挥洒、无限地发挥。守成要对得住前人，开创要对得住来者。

1620年9月16日，一艘名叫"五月花号"的船载着102名乘客从英国普利茅斯启航前往北美马萨诸塞。巨大的风浪、漫长的航行，本就无聊，但对不可预见的未来的想象，更是一种煎熬。可是，这些人不仅是把他们开拓创新的精神、不畏艰难的气质、敢于探索的风采留给了后人，更是为后来的美国人带来了一份公约——《五月花号公约》。该公约规定："为了更好地管理、维护和发展这个自治体，将来，为公共利益随时制定和履行的公正的法律、法令和行政，我们都保证遵守和服从。"《五月花号公约》的伟大意义在于，它奠定了美国法治的基础，勾勒出立法的总体框架。《五月花号公约》对人类文明的贡献可比肩1215年英国的《大宪章》、1776年美国的《独立宣言》和1789年法国的《人权宣言》。

我很欣赏"拓荒牛"这个词。深圳市政府门前有一尊拓荒牛的雕塑，雕塑中的牛粗犷雄伟，重心向前，坚韧不拔。有人说，这是刚毅和力量的象征；这是事业成功、吉祥和幸福的守护神。拓荒牛，吃苦耐劳，肯干实干，不空谈，重行动，是改革开放中创业者的象征。拓荒牛精神是中华民族应具有的精神。我希望我们大家都做这样一头拓荒牛！

二、从水牛阵到大雁阵

自然界中有两个典型的动物群阵：水牛阵、大雁阵。

水牛阵是"一"字队形，由一头水牛引领大家伙儿，步调一致，牛群有高度的纪律性，整队缓慢前行。引领者责任重大，整个队伍要走向何方，能否觅到草地，能否不饿死，全靠这个头牛！后行者几乎是盲目地跟着头牛前进。只有头牛可以看到前行的方向，可以看到前方的路。后行者低头前行，跟着往前走，既看不到方向，也没有目标，更不知道要走向何处，一切都由头牛安排。一旦头牛辨错了方向、走错了道路，全队都会跟着犯错。在美国一个地质公园的一处悬崖下有大量的水牛尸骨，层层叠叠，数量惊人。个中缘由不难解释。

大雁阵呈"人"字形排列，也有头雁把握方向，掌控速度，决定停留，同样起着至关重要的作用。头雁责任重大，体力消耗也是最大的，因而是最辛苦的。但每一只雁都可以看到远方，都知道要去向何方，也都可以纠正头雁的错误和同伴的航向。最为关键的是，大雁阵的队形是可以随时变换的，头雁也是可以互换的，任何一只有经验的雁都有可能做头雁。

水牛阵和大雁阵两种不同的队形，实际上反映了两种不同的团队观念和管理理念。

水牛阵只有一个领导，一切都是这个领导说了算。团队成员没有目标，不知道要做什么，他们只是"埋头拉车"，从不抬头看路。从领导者的角度来看，团队需要的是"听话""服从"和"肯干"；从被领导者的角度来看，团队体现的是"奴性""盲目"和"服从"。水牛阵团队有一些明显的特点：团队纪律性强（团结一致）、有坚强的领导（单一领导）、有坚定的方向（顶层设计）、有较强的战斗力（心往一处使）、能做大事（集团队之力）。但也有一些弱点：信息单向（自上而下）、决策单一（领导决策）、监督乏力（放任自流）。

大雁阵也有领导，这个领导就是领头雁，他是全队的核心，所有的雁都要服从这个核心。但这个领导却不是固定不变的，有退出机制，因病、因疲、因误都可以退出。雁阵的队形随时会变换，时而"一"字形、时而"人"字形、时而圆形，领头雁既可以领头，也可以居中，甚至跟其他雁一样混杂其中。前行路上，队列中的每一只雁并不是盲目地跟随，他们都能眼观六路、耳听八方，都可以有自己的判断。更为关键的是，每一只雁既是被领导者，又同时监督和约束其他的雁。而且在飞行途中，只要体力好、经验足，也可以出"雁"头地，雁雁可以做头、时时可以替换。大雁阵的特点是：行动的高度协调、步伐的整齐一致、变换的心灵默契。当然，这个队形有一个弱点，那就是只要有一只雁不听指挥，队形就会乱套。

水牛阵式的团队也好，大雁阵式的团队也好，现实生活中比比皆是。

索尼董事长盛田昭夫一直以来都与公司员工共同进餐、聊天，以培养员工的合作意识和与他们的良好关系。偶然中，一个员工向他抱怨，说自己的行动和建议得不到理解、自己的发明与改进得不到支持，甚至还被讽刺、挖苦。盛田昭夫听后十分震惊，他想，类似的问题在公司内部员工中恐怕不少，管理层应该关心员工的苦恼，了解他们的处境，不能堵塞他们的上升之路，于是产生了改革人事管理制度的想法。之后，索尼公司进行了大刀阔斧的改革，允许各部门在公司内发布"求人广告"，员工可以自由秘密地应聘，上司无权阻止；还允许员工每两年调换一次工作，主动给他们施展才华的机会。经过这一轮改革，有能力的人才大多能找到自己较中意的岗位，而且人力部门也能迅速发现人才大量"流出"部门存在的问题。

盛田昭夫就是大雁阵中的"领头雁"，他知人善任、用人所长。在他的团队中，上下相通、人际和谐，允许自由流动，人人能充分施展才华，人力资源的价值能发挥到极致。但公司内部也有部门管理人员"秉持"水牛阵的管理方式，绝对权威、不容冒犯，这于公司的持续发展是不利的。

队形与团队精神是密切相关的。不管是哪种队形、哪个团队，效率始终是第一位的。而要提高效率、创造价值，充分发挥每个成员的积极性是十分重要的。俗话说：独行快、众行远。但"众行远"是建立在每个人都明确自己前进方向的基础之上的。

三、从"布道者"到"修道者"

著名史学家、国学大师钱穆先生在其著作《人生十论》中讲过这样一个故事：他在苏州期间，有一天晚上借住在一座山顶寺庙里，问方丈如何创建了这座宏伟的庙宇。方丈说，他出家后就跑到这座山顶上来，深夜独坐，一阵阵敲着木鱼。山下的人半夜醒来，听到山上清晰的木鱼声感到惊异，清晨便上山一探究竟，发现了他，遂携带饮食来慰问。他照旧坐在山头上夜夜敲着木鱼，大家越发觉得奇怪。于是一传十，十传百，周边的村民都闻风前来，不仅供给他每天的饮食，而且给他盖了一个草棚以避风雨。可是，他仍然坐在山头上，还是夜夜敲着木鱼，村民们对他更加崇敬，于是筹款给他盖了一座寺庙。后来寺庙逐渐扩大，有了今天的规模。可以说，这样一座大庙就是因为方丈夜夜不停地敲击木鱼声音打动了别人的心而得来的。

木铎声声，让我们看到了一个修道者和一个布道者对事业的虔诚与敬畏。这位方丈没有讲经说禅，更没有口吐莲花，但感化了无数人，靠的就是一夜又一夜的木鱼声。这是一种虔诚，也是一种智慧，是最简单又是最难获得的智慧。教育是关乎一个民族千秋万代的大事，教师对自己的工作也必须有一份发自内心的热爱，必须怀抱虔诚和敬畏。这样才能用心灵唤醒心灵，把知识、文明和良知，把我们的民族文化和民族精神植入学生的心田，培养他们对知识的热爱、对未来的向往、对民族和国家的责任感与使命感。

作家高晓声写过一篇文章叫《摆渡》。他说，创作如同摆渡，目的都是把人渡到彼岸。我认为，教师其实也像一个摆渡人，他的责任就是把学生送达知识的彼岸和精神的彼岸。人们常说，欲度人，先度己。度己，就是自我完善。教师要成为一个优秀的摆渡人，一时一刻都不能放松自我修炼，从专业素质到专业精神，从师德修养到教育艺术，都要不断完善。更重要的是，就像佛家的自我完善是在教化众生中实现的一

第一篇　教育理解与感悟

样，教师的自我完善和自我修为，也不只是为了自身，而主要是为了学生的成长和发展。成就了学生，教师自身的价值自然也就实现了。

泰戈尔曾说："不是槌的打击，乃是水的载歌载舞，使鹅卵石臻于完美。"一位优秀的教师应该懂得，教育就应该像缕缕春风、丝丝春雨，浸润学生的心田、濡染学生的心灵。木铎声声，引领学生的心灵成长，把学生送达知识的彼岸和精神的彼岸。这就是教师一生最大的价值和幸福。

四、从"教材研究者"到"儿童研究者"

教师不经意的一句话，可能会创造一个奇迹；教师不经意的一个眼神，也许会扼杀一个人才。合适的教育方式，其影响力很大；不妥的教育方式，其杀伤力同样很大。

曾经读到一个故事：一位老禅师有一天看到墙角有一把椅子，他知道肯定是有出家人违反寺规越墙出去溜达了。老禅师也不声张，走到墙边，移开椅子，就地而蹲。不久，果真有一小和尚翻墙，黑暗中踩着老禅师的背脊跳进了院子。当他发觉刚才踩的不是椅子，而是自己的师父时，惊慌失措，张口结舌。但师父并没有厉声责备他，只是以平静的语调说："夜深天凉，快去多穿一件衣服。"这个故事深深地打动了我，孩子们对老师是宽容的，只要你对他们付出爱心，那么你以前对他们的冷言冷语、暴跳如雷，他们都能够原谅。他们崇拜你、爱你。我又常常想，老师也应该对学生宽容再宽容一些，芸芸众生，各有所长，各有所短，可能一些学生经常无法克制自己的言行，无法很好地完成学习任务，不必有辉煌的未来，但谁说一个平凡的人就比谁低一等呢？像故事中的那个老禅师就清楚地明白，宽容是一种无声的教育。虽然书本知识是很重要的，但是给学生一个宽容的学习环境，在鼓励学生人格力量的成长上，在学生个性张扬的发展上，是有利得多的。

长期以来，老师们更多的是"备课"。什么是备课呢？无非就是写教案、做PPT、改作业、辅导答疑等。实际上，教师忽略了一个最为重要的环节：儿童研究。因为教育的对象是人，课备得再好，也要落实到人，也要让儿童能够得到和接受。中国现代教育专家、新一轮国家基础教育课程改革的重大决策研究者成尚荣认为，教师的第一专业是儿童研究。优秀的教师首先应该是一个儿童研究者，儿童研究比教师的学科专业更重要。只有详细了解了儿童的心理特征、行为方式、个性特长，才能更好地施教，才能让儿童更好地成长。只有真正把学生看成活生生的人，教育才能温暖，才有温度。做教育者唯有"教己"在先，"育人"在后，才是真正实践教育的核心，才能让更多生命共同成长。

《少年派》里教化学的田老师在课堂上讲的一番话，体现了教师的责任和担当。他说："我站着，你们坐着；我讲课，你们听课。你们喊我一声老师，我就得对得起这个称呼，对得起这个职业。你们一周属于我的时间，不过是6节课，300分钟，在我的眼皮底下，在我的职责范围之内，我还是希望你们好好听课！我不希望将来你给你的孩子辅导化学的时候，他说难道你以前的化学是体育老师教的？"这个世界上，老师是唯一一个和学生没有血缘关系，但是愿意真诚地去呵护学生，严厉管教学生，为学生的点滴进步而喜悦的"外人"。好的教育，大多是宽严相济、奖惩分明的；好的老师，大多是管教同步、严慈同体的。那些严厉又慈爱的老师，给了孩子最美的时光和最好的成长；那些执着又温柔的老师，给了孩子最广的未来和最远的天地。

五、从"追求成功者"到"关注成长者"

21世纪教育研究院副院长、全国教育局长研究联盟秘书长方华认为：教育是塑造，教育是改变，教育是帮助，教育是启迪。

2021年3月6日，习近平总书记在政协医药卫生界、教育界联组会议上的讲话指出，教育就是培根铸魂、启智润心。这八个字的实质就是成长！所以我想说教育就是成长！我们都需要成长，我们都在成长。人

第一篇 教育理解与感悟

生道路万千条，但目标只有一个，除了成功和成才，更重要的是成人和成长！成功是方向、成才是目标，但成人是关键、成长是重点。自古以来，成功的标准不一、成才的要求有别，但成长的底色一致、成人的规矩相同。我们不能为了所谓的标准和要求而丢掉底色与规矩。人人需要成功，追求成功无可厚非，但所有的成功必须建立在成长的基础之上；时代需要人才，但无论什么样的人才首先必须是"人"，真正意义上的"人"。

因而，我们要追求本真教育。本真教育就是充分遵循教育教学规律、遵循社会发展规律、遵循学生成长规律，应用最科学的手段、最先进的技术、最有效的方式，对学生进行德、智、体、美、劳教育，培养身体健壮、智力健全、人格健康的现代人才。一方面，在课堂教学中要充分关注"人"，力求做到用历史人物共有的道德素养、聪明才智来引导、影响学生，帮助他们成长为生活中的"真人"。另一方面，教育者不能用单一的"标准"要求所有孩子。任何孩子都是世界上独一无二的个体，只有给予充分的关注、施以适宜的教育、采用不同的方式，他们才会有成长、才会有成功。

2021年全国"两会"期间，江苏锡山高级中学校长唐江澎对教育有一个精彩的表述，他说："教育就是要培养终身运动者、问题解决者、责任担当者、优雅生活者。"我们的教育就应该这样，充满人情味！富有生活气息！

教育就是成长

——2021学年第二学期开学典礼发言

寒假带着春天的喜庆一晃而过。踏着春天的脚步，迎着绵绵的细雨，合着新年的快乐，迈着轻盈的步伐，虎年已经来到，虎象征着压倒一切、所向无敌的威力；虎象征着权力、热情和大胆。同学们，你们是学校的主人，学校是你们成长的乐园。在此，我想就成长的话题，跟同学们讲三个内容。

一是大理想与小事情

今天，我们赶上了好时代，祖国建设日新月异、民族复兴指日可待。再过20多年中华人民共和国成立100周年之时，同学们正当年！那时大家都将成为各行各类的主力和骨干。所以我们要放眼未来，要树立远大的理想、规划宏伟的蓝图。我们每一个同学都应该对自己的未来做一个规划，规划将来我要做什么、我能做什么、我能做成什么。这是对自己的要求、对家庭的承诺、对国家的奉献。树立大理想，也要处理好小事情。生活就是琐碎、成长亦是细节。从小处入手、从身边做起。例如，在学校，严格遵守纪律、按时完成作业、热情帮助同学、遇事沉着冷静；在家里，整理书桌和房间、洗洗碗拖拖地、下楼扔垃圾；在街头，谦谦君子、彬彬有礼、尊老爱幼、保护环境。同学们，办大事要拘小节，做小事能成大业。

二是真知识与新本领

风再起时最应景！什么年龄段该做什么事，我们大家必须清楚。6～15岁是心智成形、习惯养成的重要时期，从16岁开始是你们知识大积累、学识大增长、本领大飞跃的时期。这需要你们做好充分的心理准备、养成良好的习惯、奠定坚实的基础。无知乃罪恶，美德即知识。你们要充实自己，以知识武装自己、用本领强大自己，这样才能适应这个新时代。

三是正能量与负清单

同学们，你们是早上八九点钟的太阳，生活充满希望，前途一片光芒。你们要给自己满满的正能量，拥抱每一个早晨、享受每一次晚霞，每天都应该快乐地生活、幸福地成长。但我知道，你们也有烦恼！父母的高期望、家庭的大氛围、老师的严要求，你们有时难以理解、不能接受；心里的诸多苦闷、学习的稍不如意、同学的不好做伴，你们有时不会处理、无处诉说。我想跟你们说，这都不是事！这只是成长的小插曲、生活的调味品，它是在考验你们。因而，你们要正视、要释放，绝不能逃避。只要心中充满着正能量，有着满腔的精气神，就没有解决不了的烦恼，就没有过不去的坎。请同学们记住：酸甜苦辣都有营养，成功和失败都是收获。

同学们，让我们以新学期为新的起点，以满腔的热情、饱满的精神和坚定的信心，去迎接新学期的挑战吧！最后祝同学们成长更快乐！祝仲元附属学校的明天更加美好！

从人本管理到和谐校园 [①]

学校管理从根本上说是人的管理，本质是调动师生员工的工作和学习积极性。这就决定了管理的核心在民主，管理的重点在教育、引导、激励与人和。只有在校内营造一种尊重人、理解人、信任人、关心人的和谐氛围，管理的目标才能真正实现，而这要依靠以下几个转变。

（1）从"封闭型"向"开放型"转变，构建"人人都是决策者和管理的执行者"的管理体制，建立民主、平等、和谐的人际关系。实践证明，把学校交给教职员工，让他们每年做一回"校长"，一方面可激发教职员工的主人翁意识和工作责任感，增强其工作效率；另一方面增加了管理的透明度与可信度，增加了教职工的认同感，有利于群体知情，相互体谅。同时减轻了决策层的压力，使学校行政人员有时间、有精力参与教育教学、教研教改，更实际地和教职员工交融在一起，"政令"畅通，校园和谐。

（2）从"以教师为主"向"以学生为主"转变，构建"引导学生学会学习"的和谐课堂模式，确立学生的主体地位，以学论教。在新的

---

① 该文发表于《湖南教育》2006年第7期。

第一篇 教育理解与感悟

课程环境里，关注学生的个体差异和不同的学习需要，实现新课标要求，培养学生的主动意识、创新精神和实践能力已成为教学改革的目标。实现这一目标的关键在于学生学习方式的改变。学校离不开教学，教学离不开课堂，课堂离不开师生，和谐学校离不开和谐课堂。和谐课堂实际上是师生之间的和谐，过程是知识交流、情感交流、心与心碰撞的艺术流程，体现在学生获取知识并掌握获取知识的方法即学会学习上。

（3）从"管教型"向"关爱型"转变，构筑"无痕迹教育"的教育场，让学生在关爱、友善、宽松、互相进取的环境下健康成长。随着社会的变迁、信息的开放、家庭教育的缺失或不足，对学生施行严格的管理已经作用不大。如何使我们的管理重心下移，更贴近学生的情感、生活、心理、生理的需要，实现学校教育与学生心理零距离对接，实现我们的新一代健康成长的管理目标，我们认为这是当前一项紧迫的任务。

教育教学的点滴感悟[①]

一、我最欣赏的三句话

1. 不怕做不到，就怕想不到

这句话是东晋道家龙门派掌门杜子恭首先提出来的。

有人说，这是一种唯心思想，是要批判的。但我认为这句话没什么不对。这句话有两层意思：一是要有梦想，要敢想，想做什么，首先要想到。如果你对某一问题连意识都没有，就更谈不上去做了。如果能意识到，那还可以试着去做，因为事情总可以解决。二是要开动脑筋想办法，怎样做到，不要怕困难，也不要怕失败。

2. 喊破嗓子不如甩开膀子

这是2013年全国"两会"期间李克强总理在会见中外记者时说的一句话。简单点说就是不要空喊口号，要付诸实际行动，光说不做假把式，空谈误国，实干兴邦。

3. 登高必自卑，行远必自迩

湖南大学东方红广场一角、岳麓山登山入口有个亭，名叫自卑亭。

---

① 本文为作者2013年8月在广州市预备周教研会上的发言，有删改。

第
一
篇
　
教
育
理
解
与
感
悟

当年在湖南师范大学读书时，教授我们中国古代史的老师告诉我们，亭名源自《中庸》："君子之道，譬如远行，必自迩；譬如登高，必自卑。"意思是登高一定要从低的地方开始，行远一定要从近的地方起步。人们干事创业既要有"登高""行远"的目标，志存高远，敢想敢干；又要自"卑"处、"迩"处始，脚踏实地，循序渐进。

二、做了三件事

1. 跟学生交友——"洒向学生都是爱"

教师就是一种责任，一种与生俱来、无从摆脱的责任。选择了教师，就是选择了辛苦，就是选择了烦琐，也就是选择了伟大。而爱是教育的核心，是一种力量，是一个教育工作者心灵深处真诚的涌动。

40多岁的年龄使我在做学生工作时有自己的优势：一是包容心强了，不会跟学生过多计较。二是学生防备之心也相应减弱，他们愿意与我交朋友，只要放下师道尊严，是很容易走入学生心里的。所以在学生心里，我亦师亦友，学生对我爱恨交加。我教过的学生都是直呼我的名字，"方亮"或"亮亮"，很少有称谭老师的。

2. 同书籍相随——"博观而约取，厚积而薄发"

"博观而约取，厚积而薄发"两句出自苏轼的《稼说送张琥》一文，"博观而约取"的意思是广泛、大量地阅读，取其精华为己所用；"厚积而薄发"就是大量、充分地积蓄，少量、慢慢地释放。这两句都是指要经过长时间有准备的积累才能有所作为。历史老师没有渊博的知识，很难开展历史教学。

所以我很重视读书，近几年看了很多书，当然大部分还是历史专业类书籍。我通过阅读专业类书籍，不断充实、更新自己的学科专业知识，使自己从教材的束缚中走出去，看到自己思维的局限，更重要的是将这种阅读过程中的独立思考成果传达给学生。

最近看了两本书，推荐给大家。

张秀枫的《历史开卷有疑》（远方出版社2008年版），不同于杨奎松的《开卷有疑》（江西人民出版社2007年版），那是杨奎松教授所撰中国现代史读书札记的一个结集，多是学术性文章，可读性不强。

《历史开卷有疑》大多是随笔性文章，所写内容集中于王朝的更迭、社会的变迁、英雄造世等大事，多是从某个特定历史片断或某些历史人群进行微观探究，更加关注历史中的"零碎"或个案。既有历史解释的故事性和情节性的叙述风格，也强调历史叙事的分析性和史学的严谨性。可读性强。例如，毛泽东与张国焘生死攸关的较量、刘青山与张子善案内幕、开国大典时蒋介石为何放弃了精心准备的空袭天安门等。

在众多史料揭示下，即使是最寻常的历史事迹，在课本的记载中，都被发现有谎言。

张秀枫的《历史为谁变脸》（远方出版社2009年版）中说：我们不着眼于那些象牙塔里的空洞讲章，拒绝那些老气横秋的呆板说教，在体裁和写法上葆有开放的姿态，致力于讨论一些值得讨论的问题。作者怀着强烈的好奇心和冒险的欲望，提供了一个又一个耐人寻味的景象，渗透到历史的方方面面、角角落落，目光深邃独到，使读者能触摸到历史的温度，感受到历史的活力。作者的观点读者也许不一定都赞同，但至少会激发出深刻的思索和丰富的联想。

"累而乐之，苦而爱之"，阅读的乐趣是无穷尽的。教学灵魂不是靠想出来或设计出来的，而是在博览群书、日积月累的基础上自然生成的，根本不用向外寻求，是内心境界的自然流露，因为教师阅读到达的地方就是教学到达的地方，阅读的边界就是教学的边界。

3. 以写作相伴——"勤于练手，笔耕不辍"

竹子每攀登一小步，就做一次小节，小节做得越多，自身就越硬实，越强大，这样的竹子也就成材了。人何尝不是如此呢？这几年时间里，我也经常反思，经常小结，常常动笔，写写东西，所以也不断地在刊物上发表自己的文章。最近我在汇总时才惊讶地发现，这四年我在《中史参》《中学历史教学》《历史教学》《中学政史地》《试题与研究》等刊物上发表各类文章42篇（其中3篇被人大书报资料中心全文转载），平均每年10篇以上，此外，还主编教学辅导类书籍50多种，总撰写量达到100多万字。

可能有人会说，你是不是成天就是这个事啊，不用上课吧？实际上这种说法是不对的，我150多斤的身板，领导会放过我吗？实际上，备课的过程、教学的过程，甚至辅导学生的过程都是创作的过程，只是你没有注意，没有把它写出来而已。写文章本身并不需要很长时间，其关键在于平时的积累，有时兴之所至，可能一二十分钟就可以了。这种写作的过程也是自己进步和完善的过程，你会发现越写越有东西可写，越写知识会越清晰。

第二篇

教师专业成长

顾我最平凡，辱君误推许 [①]

——与青年教师谈专业成长

大千世界，芸芸众生，皆为凡人凡事。"顾我最平凡，辱君误推许"出自北宋大家王炎的《和祝圣予送行韵》，意为看在我是最平凡的一个人，有得罪之处千万不要推崇和赞许，要直接指出和批判。平凡人做平凡事，过平淡的生活，这就是真人生！

作为一位中学教师，40岁评上特级教师，50岁评上正高级教师，可谓事业有"成"、生活有"味"。实则这是教师专业成长的必然路径，只要用心、用力、用情、用真，皆可为之，因为这仍然是"平凡"事。华东师范大学教育学院院长周彬教授说："举凡选择当老师的人，大都曾有过一个当名师的梦想，只不过有人因为当老师当得很艰难，所以放弃了这个梦想；有人当得顺风顺水，最后就达成了当名师的梦想。这其中，每个人放弃的理由一定各不相同；但每个人成为名师的道路，却有着许多共同之处。"结合自己的专业成长，我觉得有四个方面最令人回味。

---

① 该文发表于《师道·人文》2020年第4期。

一、"野心"可以成就"自我"

野心是一个汉语词汇，多为贬义词，指不可驯服或心怀叛离之心，不安本分。但当表示闲散恬淡的性情时，也属于褒义词。即使是贬义，在实践之中，似乎也可泛指对待工作、对待事情的批判思维、逆向思维。这是一种难能可贵的品质。我想说，人是要有一点"野心"的，没有"野心"就没有进取心，"野心"是促使人向前的重要动力。作为教师，"野心"尤为重要。

教师要有成就事业的野心。教师是一门职业，但更应该当作事业来经营。职业是个人在社会中所从事的作为主要生活来源的工作，其成就感主要来源于物质层面。事业是人所从事的，具有一定目标、规模和系统，且对社会发展有影响的经常性活动，其成就感主要来源于精神层面。有时，职业只是事业的初级阶段，但只停留在这个阶段是远远不够的。只有把工作当事业来做，才会有激情，才能取得更好的成绩。把工作当事业，那么自然而然就会高标准要求，这样才能越做越有味，才会越做越有成就感。

教师要有成为名师的野心。按照成就事业的成绩来划分，教师应该有几个层次：好教师、名教师、大师。2014年9月，习近平总书记视察北京师范大学时强调，要打造一支有理想信念、有道德情操、有扎实学识、有仁爱之心的"四有"好老师队伍。好教师是教师的底线，所有老师都应该成为好教师。名教师就是有名望、有声誉的好教师。对于名教师，国家并没有出台统一的标准，但各地评定出来的名教师，往往都有一些共同的特征，如师德的表率、育人的模范、教学的能手、教研的专家。大师则是指造诣深厚、享有盛誉的学者、专家等。大师寥寥无几，极其稀罕，不是每个人都能成为的。但名教师是可望也可即的。因而，教师都应该有成为名师的"野心"。多投入、多积累、多思考，脚踏实地地工作，随时随地地努力，必有一席之地的收获。

教师要有成文成书的野心。博观而约取，厚积而薄发。作为教师，广泛阅读是必需的，常读书、多读书、读好书比什么都有用。读是一个吸收、占有的过程。占得多了，肚子满了，自然就要释放、要流露，这时候，成文成书也就水到渠成了。教师不能仅仅围绕课堂、学生，更多地应该不断地反思、系统地总结、习惯性地对比、不知足地提升。例如，在教学之余，坚持写写教学后记，坚持记记教学故事，坚持做做教育叙事。久而久之，写作能力节节提升，成文成书是完全可以的。

实际上，每一位教师都是这么走过来的。今天的课，上得不太好，可以再优化；昨天的事，有些不妥当，可以有更好的方式；这篇文章似乎不太令人满意，还可以提升；这种事情，以后再也不会出现了；等等。诸如此类的"野心"使教师不断走向成熟。从初出茅庐的"菜鸟教师"，到站稳讲台的"风趣教师"，到人见人爱的"四好教师"，再到颇有特色的"风格教师"，这样的"成长"不正是"野心"的驱使吗？

二、"闭门"同样能够"造车"

"闭门造车"这个成语来源于宋代朱熹《〈四书〉或问》卷五，"古语所谓'闭门造车，出门合辙'，盖言其法之同"。意思是说，虽然是关起门来在家里制造的车子，拿出门去使用的时候，却能和车辙完全适合，这是因为有一定的规格、尺寸做标准。古代的车，两轮之间的距离是固定的，符合规格，就能合辙。所以说"闭门造车，出门合辙"。但是后来，这个成语被用来指不切合实际，一味主观地杜撰瞎造，好比关起门来在家里制造车子，而完全不考虑门外的实际情况和实际需要，结果就不合规格，不能适用。我还是比较赞同"闭门造车"的原意！

教师专业成长跟"造车"本质上是一回事。事件起因都有其目的，事件过程都有其要求和规则，也都要遵循一定的规律，事件结果都要到实践中去检验。只要循规律、守规则、严要求，同样可以达到预定的目标。

我的专业成长大体上可以分为两个阶段：参加工作的前20年，身在城镇，处境闭塞，由于视野的束缚、平台的限制、资源的匮乏、机会的稀缺，没有也不可能得到更多名师的指点与帮助，基本上都是自己在摸索。有时为了一节公开课，会花上一两个月时间，不断参阅仅有的几本教辅资料、不断设计一份份一完成即被自己否决的教学案。有时为了完成一篇所谓的"论文"，会牵肠挂肚、愁思苦想，也会通宵达旦、不舍昼夜。有时为了出一份试题，会变换着法子，反复折腾自己；也会有意识地挖坑、砌墙，不断"作贱"学生。学校德育工作论文《促进学校德育与学生心里零距离对接——学校德育校本研究的实践探索》历时三个多月，前后共易十稿，才最终定稿。首次做课题"中学历史智能导向与自主探究"时，什么是课题？怎么做课题？怎么进行研究？什么都不懂；也不懂什么"知网"、什么"检索"、什么"综述"；只知道课题研究需要有理论依据、有研究问题、有研究成果。后来，我借助从大书店采购来的一批"有用"的书，跌跌撞撞地做完了所谓的课题研究，还拿了省"九五"课题研究成果二等奖。这就是当时专业成长的真实记录！因为，没有更多的借鉴、没有更好的方法、没有更快的路径。这就是典型的"闭门造车"！应该说，这是一种遗憾。但我始终怀揣"造车"这个目标，想了很多办法，做了很多事情，付出了比常人更多的时间和精力。虽上手较慢、进步不快，但我坚持下来了，而且熟能生巧，最终也做出了成绩：在参加工作的第十八个年头收获了省特级教师的荣誉，预示着专业成长历程上的一个巅峰。

特级，不是终点，但很容易滋长惰性。事业如日中天，工作风生水起，拥有丰厚的人脉资源，在原单位就这么混下去，不失为一个好的归宿。但教学生涯刚刚过半，还有一个20年，我不想就这么过，我期待更进一步的蜕变，盼望更大的发展。内心的强大冲动让我在一年后来到了广州，置身于繁华的都市、课改的潮头，毅然褪去荣耀、洗尽疲惫，让自己再一次经受考验。物换星移，接触多了、交流广了、视野宽了。

同样，要求也高了、机会也多了、成长也快了，于是就有了"开门造车"。一次次走进大学，接受教育教学理论的熏陶；一次次异地学习，感受教育教学实践的灵动；一次次参与研讨，升华对教学的认识和感悟。正是这些学习、培训、观摩，充实了我的教育历程、提升了我的教育认知，使我坚定了自己的教育追求，让我思考的问题和研究的方向悄然改变，我经历了从立足学科到超越学科的突围、从关注课堂到关注育人的转变、从重视教学到重视教育的跨越。正是这种嬗变，让我对教育的思考越来越多元、我对教育的感悟越来越深刻，我的教育思想也越来越清晰。我曾经在芬兰学习21天，写下了专著《亲历芬兰教育》；曾经因信号故障，在高铁滞留的122分钟内写下了《上善若水，海纳百川——记上海研修之行》。这是目前的专业发展现状，也是"开门造车"带来的！这个成绩固然与"开门"有关，但也离不开自己前20年"闭门"的积淀。

我专业成长的过程充分说明，"造车"是目标，合规是前提，努力是重点。"闭门"与"开门"不是关键，只是方式和途径。

三、"羡鱼"永远多于"结网"

《汉书·礼乐志》中写道："临渊羡鱼，不如退而结网。"意思是说，人只是站在河边，望着河中肥美的鱼，徒然羡慕，是永远得不到鱼的，不如回家结张网来捕鱼。只有结网捕鱼，才能尝到鱼的美味。后来，引申为不论什么事，如果只是脱离实际地空想，或者夸夸其谈、纸上谈兵，而不脚踏实地地去实干，是什么也得不到的。

但我认为，"结网"固然重要，但"羡鱼"同样重要。它会给人欲望、给人目标，有了欲望和目标，才会有前行的动力。在我的专业成长历程中，"想法"永远多于"行动"，我不认为这是坏事。在教师的专业成长上，我不止一次在外出讲课中提到"三个一样"：像专家一样专注、像讲座一样讲课、像作家一样作文。专家之所以成为专家，就是因为他在某一方面比常人花费了更多的时间、倾注了更多的心血、得到了更多的认识。老师上课，如果只是应对学生，不需要备课，单凭自己的知识和"智慧"完全可以忽悠学生；但如果听课的是跟自己一样的专业老师，还能"忽悠"吗？像讲座一样讲课，会让老师们的每节课都更有价值。对作家而言，写作是他的饭碗，不写作就意味着他没有收入。所以他会每天固定花上几个小时、固定写上几千上万字的文章。如果老师每天都能这样写作的话，还愁写不出好文章吗？这"三个一样"的本质就是花费更多的时间、投入更多的精力去做一件事，从而确保更出色地完成这件事，即"用大力有余，入细心愈研"。

作为老师，我就是这样走过来的。曾经看到刊物上一篇篇的文章，我在想，什么时候我也可以发一篇？看到会场上，别人侃侃而谈，我在想，什么时候我也可以上去说说？看到人家进步了，我在想，什么时候我也可以进步？正是这一个一个的想法，推动着我不断前行。当然，我也有更多的想法没有做到，也无法做到。所以我觉得有时"羡鱼"也是可以的，不一定非得要去"结网"。在我的教学生涯中，有太多的想法没去落实、有太多的理想没法实现。这就是遗憾，但这就是生活。我想说，认认真真地做、扎扎实实地行，就够了。完美是没有的，遗憾是一种经历，也可能是一笔财富。

四、"优秀"并不代表"卓越"

优秀，就是在同样的事情上，你比别人效率更高、比别人效果更好。卓越，则是非常优秀，超出一般。一个人，只有立非常之事方可称为卓越。优秀是一种习惯！而卓越是一种境界！

在参加工作两年后，我接连获得了县优秀教师荣誉、县人民政府嘉奖，受到了隆重的表彰，不可谓不"优秀"。但这样的"优秀"，只是教学成绩的优秀，往往是蛮干出来的，并非是长期积淀的结果，它不能说明你真的就很优秀了。但就是这样一种"优秀"，居然也让我飘飘欲仙，自以为很"了不起"了。以至于此后两三年一直没有什么大的发展，因为没有明确的目标和方向，也就没有了前行的动力。幸好，后来因教学成绩出色，我被调到了另一所更好的学校，崭新的环境、高素质的教师队伍、更出色的学生，催生了心中那股激情，于是我才找到了人生的目标。刚来广州，带着"特级教师"的光环、带着一系列的荣誉、带着满满的从业经验，与一帮刚毕业不久的年轻人一起做着班主任工作，不可谓不"优秀"。但我知道"登高必自卑，行远必自迩"。我摆正心态，以一个初出校门的学生的身份，从头做起。那段时期，大量的时间我都是在办公室度过的，没有周末，没有节假日，很多时候一个人挑灯夜战。但心并不孤独，与书本为伴、同知识为友、跟大师沟通，我在享受孤独的乐趣。正是这样一种享受，使我有大量时间和精力投入教学中去，潜心研究。凭借执着的精神、扎实的功底、一丝不苟的态度和坚韧不拔的毅力进行教育教学改革，形成了自己稳健、高效、大气的教学风格。借鉴不容易，超越自己则更艰难，不过，我坚持下来了。

要想卓越，必须优秀，因为优秀是一种品质。我早就做到了"优秀"，也庆幸自己有这样一种品质。现在的我，只是做得比别人多，得到的也比别人多，但远没有做到卓越，将来也很难做到卓越。因为优秀，所以难以卓越，这是遗憾！但我并不会因此而内疚。卓越是优秀的积累，但又不是优秀的简单相加。因为卓越是一种目标，有目标的生活才是真生活！我很享受这样的生活。

五、结语

"宜先精于园艺，然后当好园丁"，这是当年我考上师范大学时一位老先生送给我的话。无论是在师范学习还是在教学实践中，我始终铭记着这一告诫，它伴随着我从一个校园走到另一个校园，也见证了我从一个懵懂学子逐步成长为一个具有专业尊严的特级教师。但我也知道，路还长，"园艺"仍需要不断成熟、不断完善。过去，不少教师是在实践中走来、在经验中成长、在反思中感悟。但面对新一轮的课程改革，这样单一的专业成长方式是远远不够的。教育理念不断深化、教育手段不断优化、教学技能不断强化，学生越来越个性化、教育越来越多元化、社会对人才的要求越来越多样化——这就要求教师相应地"万能化""从容化"。为此，必须拓展教师专业成长的路径，提升教师专业专长的效率。研修、培训、阅读、借鉴等"充电"方式要多样，专家、同伴、学生、跨界等"借鉴"对象要广泛，教育、教学、教研、科研等活动内容要丰富。所有专业成长的路径都指向教师本身的内在需求。没有需求，就没有发展；没有"野心"，就没有成长！

　　本文脱稿之时，2019年12月27日，中央组织部、人力资源社会保障部印发了《事业单位工作人员培训规定》，谋划建立统一的事业单位工作人员培训制度。教师专业成长的"春天"即将来到，大批名教师即将应时而出！

"用大力有余，入细心愈研"[①]

——兼谈教师的专业成长路径

"用大力有余，入细心愈研"，这是宋代诗人彭龟年所创作的《寿张京尹》诗作中的两句，意思是刻苦钻研，细心探索。这两句诗所突出的品质，无论是对普通教师还是对优秀教师都很重要。对于普通教师，这关乎其专业尊严。对优秀教师而言，因为优秀，便容易自满，故步自封，追求的动力减退甚至消失；因为优秀，常常受到赞誉而自我感觉良好，便不再有进一步改进的愿望；因为优秀，往往能得到比他人更多的回报，既得利益成为再上一层楼的障碍。以下所谈，是从普通到优秀的经验，是从优秀到卓越的畅想，其中既有一步一个脚印的经历，也有"临渊羡鱼"的目标。

一、课堂：成就自我的"责任田"

教学需要积累，没有捷径，必须兢兢业业，一点一点地叠加；课堂

---

① 该文发表于《师道·人文》2019年第11期。

需要沉淀，不能浮夸，必须脚踏实地，一步一步地走过。积累的重要方式是"不停步"，沉淀的重要动力是"不知足"。从报考师范的那一刻起，就注定这辈子离不开教育，于是就跟课堂较上了劲儿。

曾记得，刚参加工作的那几年，不管课前做了多么充分的准备，下课时离开课室的那一刻，心里涌现的最多感觉是：这节课不满意。几乎每节课都会有这种感觉，我曾经非常苦恼。有人跟我说过：你缺乏自信。也有人跟我调侃：你就是不行。后来，我请教一位德高望重的名师，他的话颇鼓舞人心，他说："这说明你在进步！"这句话给了我很大的信心和力量。现在，我能理解当初的那种感觉了。那个时候我刚参加工作，经验值为零，所以在知识处理、内容把握、程序设计、课堂组织、教学环节等方面都难以做得令人满意。这个时候，如果你每节课都感觉很好，或者说你大部分课感觉很好的话，要么说明你过于自信、过于自负，要么说明你对自己要求过低。而这两种情况对自己的进步都是没有好处的。现在想来，非常感谢那个时候的自己有那样一种感觉。当然，现在上完课以后，这种感觉基本不会出现了，或者说少了很多。这说明教学的积累、课堂的沉淀有了量的叠加，也有了质的变化。

也曾记得，评上特级教师后一段时间，我越来越感觉到自己不会上课了，总感觉还有很多没有准备好，只要有时间，就会不停地修改哪怕已经很完善、很成熟的教案，甚至会全盘推倒重来。后来才知道，这就是"沉淀"。来广州后一段时间，听课、模仿、备课、授课成了我每天必须反复重复的流程。我还不断吸纳同组老师的建议，征求学生的意见。按照相关要求，认真备课，每上完一个班再对教案进行调整、修改。当时学校与兄弟单位交流的机会很多。一年里，我给来省内外兄弟学校的同行提供了几十节观摩课、示范课。因为特级教师这个身份，所以来访的任何一位同行绝不会错过我的课堂。他们的心态有来学习的、有来凑热闹的，甚至也有质疑的，所以我不允许有任何的闪失，力求每一堂课都能体现自己的思想，给同行留下深刻的印象。就是这样一种信念，让我对教材、教法、学法不断思考，在教学中找到了一点感觉，有了一些底气。正是秉承了"面向群体，着眼未来，做人为上"的教育理念，我凭借执着的精神、扎实的功底、一丝不苟的态度和坚韧不拔的毅力进行教育教学改革，形成了自己稳健、高效、大气的教学风格。

作为老师，课堂是我的"一亩三分地"，精于园艺、当好园丁，这是己任。教学集知识传授、智慧人生、技巧达成于一身，它需要教学者长时段、全方位、多领域的积累，否则难以胜任。课堂融师生互动、思维碰撞、情感交流为一体，它有赖教学者精准设计、细致筹划、有效组织，否则不能出彩。教学的重心在课堂，课堂的关键是有效。出精品才能带来惊喜，严要求必然有成绩。

二、激情：超越自我的"助推器"

事业成功的人，一定是一个在工作中始终保持激情的人，无论从事什么样的工作，做了多久，他们都活力四射，所以他们很容易进步。而工作厌倦、没有激情的人，久而久之，他们对于生活也产生厌倦。这种厌倦，严重的甚至可能引起不良心理反应，如在办公室里感到烦躁，效率低、错误多，经常感到头痛、疲倦，全身无力，心情压抑，经常莫名其妙地大动肝火，因此，这些人要想提高很难，总是有这样或那样的阻碍挡在他们的前面。

大部分人刚开始工作，往往干劲十足、激情高涨，而且对自己的前途也寄予"厚望"。但慢慢地就会人浮于事，激情衰退。绝大多数人有个错觉，认为激情是完全无法控制的，它会受外界条件的限制。其实，激情来自你自己，你是激情的创造者。激情就像是一件易碎品，需要你的维护和维修。保持激情的最好办法就是和工作"谈恋爱"。大家都知道，在恋爱的时候，人们的激情是很高的，即使劳作很久，只要是与自己所爱的人在一起，就不会觉得很累。你爱上了工作，就会不断地发掘它的魅力，不断地去征服它。

1996—1998年历时三年的"学科十佳教师评比"给我留下了太深刻的印象。当时设定的比赛共三轮：第一轮是"两字一画"（黑板字、硬笔字、画历史地图）。全部现场作业，每人一块小黑板、两张白纸，一张用钢笔抄写给定的一段文字，一张用于默画教材中的一幅历史地图。第二轮教学设计和论文。现场一个小时闭卷、不带任何资料写出指定的一个课时的教学设计，两个小时按照给定的素材和要求写出一篇不少于2000字的论文。第三轮授课和说课。不准携带任何资料，提前半小时备课，现场45分钟真实授课和20分钟说课。整个比赛历时三年，劳力烦心！比赛设定的规则是：首轮每个单位一人参加，全县8所县属中学和21个乡镇教育指导中心，共29人参赛。取得前10名的老师的所属单位再多派一人参加下一轮，最后的10名淘汰，确保每轮参赛人员都是29人。

我们科组在讨论比赛人选时，决定由我参加第一轮比赛。为准备比赛，我做了非常认真的努力，花了三个星期几乎把教材中的所有历史地图都画了几遍。但不知道哪个环节出了问题，报给教育局的参赛名单上却是另外一个人。在最后比赛的时刻，大家才知道这个情况。主管校长把我在准备阶段画的历史地图拿到全校大会上做了表扬，并向我道歉。尽管如此，我当时的心情是可想而知的，非常沮丧！心情失落了一段时间，但教学不容许失落。幸好，因为本校的那位老师进入了前10名，我有幸参加了第二轮比赛。第二轮我获得了第二名、第三轮获得了第一名。最终我是唯一一位仅凭两轮成绩进入十佳的老师，位列第五名。这个历时三年的比赛过程挺难熬的。每一步既是智慧和实力的较量，更是激情和毅力的比拼，能坚持下来本身就是胜利，奖项更是含金量极高。

这么多年来，我对工作始终充满激情。主要表现在以下几点：一是工作上始终一丝不苟。尽自己最大努力完成本属于自己的或者领导交给的任务，绝大多数时间都用在工作上，少说多做、埋头拉车、低头做人、低调做事。二是课堂上始终声音高亢。一个人的声音会压过所有人的声音，让那些小声说话者没有可能，让那些开小差者没有机会，而且时高时低、抑扬顿挫的声音也会让那些睡觉者陡然惊醒。这样，无形中会提高课堂教学效率。我觉得，激情是动力之源，激情产生幻想，激情产生力量，激情使一个人的生命时刻处于锐意进取的状态当中，是不断超越自我的"助推器"。

三、研讨：提升自我的"保健操"

研讨指研究和探讨，指大家一起总结教学经验、发现教学问题、研究教学方法。教研会是研讨的重要方式，也是专业成长很好的平台。在这里，往往汇聚着区域内最优秀的成员、最成功的教学经验、最好的教学思路和最棘手的问题。同时，经过大家的碰撞和交流，问题变成了专题、思路变成了出路、新手变成了熟手。

我第一次参加市级教研，就被它迷住了。这是1992年12月的一次高三常规教研活动，会上几个老师轮流发言，主要内容就是他们自己在备考中的做法和体会。在我看来，他们有的大构思、高度概括，有的小切入、细节分析，有的抛问题、抽丝剥茧；有的侃侃而谈，有的高谈阔论。我理解了，这就是教研；我羡慕了，他们能上台；我有想法了，争取能发言。后来，从1996年开始，我就成了市高三教研会的发言"主力"和"常客"。一次次的亮相让大家认识了我、一篇篇的发言稿让我有了表达的机会，我收获了自信、收获了成熟、收获了人脉。我现在有60多张市级以上发言获奖的证书，其中一半以上是一等奖，这都是参加市教研给我带来的。我的教书生涯就是伴随着这种教研逐步成长起来的。我跟一个教研员有着非常浓厚的感情，我见证了他从"菜鸟"教研员到"资深"教研员的成长历程，他也见证了我从初出茅庐的"菜鸟"历史教师到区域权威的特级教师的历程。期间，他多次听我的课，多次给我指导；也是他拉我进了命题的圈子，从被动"入伙"、五人一组参与命题到后来他甩手、我"领衔"，全权负责试题。16年教研会的经历、10次联考命题的参与，个中的辛酸只有自己知道，个中的幸福却是大家都能感受到的。

2009年调到番禺后，我开始参与广州市的教研。广州教研与其他地方的教研不太一样，有自己的特色。教研全员化、研讨常态化、活动主题化。每个月一次，全员参与，有研讨主题、有基本形式、有组织机构、有固定地点。我又被这种教研迷住了，以旁观者身份观看了三年后，何琼老师把我拉进了中心组，我开始走到台前。我还记得第一次发言，我发言的题目是"教育教学的一些感悟"，给大家汇报了自己最欣赏的三句话、做的三件事、课堂教学的三点做法。当时我提出的备课环节要"眼高手低"、授课环节要"田园交响"、后授课环节要"勇追穷寇"，引起了不少老师的共鸣。第一次上公开课，高二文科班"新中国成立后的重大科技成就"，课后老师们提交的"课堂观察"中对教材的处理、教师的激情、学生的参与、目标的达成、史料选用、教法的运用等方面是高度认可的。还有第一次主持会议、第一次组织活动、第一次发表获奖感言等。在广州的这几年里，衷心感谢教研会这个平台，让我结识了大家，快速融入这个集体，让我的教学方式、教学手段、教学思想都有了一个极大的变化。

教研会是一个熔炉，一个化废为宝的熔炉；教研会一种保健，一种强身健体的保健。所以建议大家珍惜和利用好教研会这个平台，特别是一些年轻老师。一是不要抵触，乐意接受。不要认为这是负担、这是任务，实际上这是机会、这是福利，所以心里要接纳。二是积极参加，广泛汲取。不要以为大家只是简单发言，跟自己做得差不多，好像没有多大的价值。我认为只要有一点你没有想到，他说出来了，就是价值。三是承担任务，自己加压。如果能够自己参与进去，承担一定的任务，亲身经历和体会，更能促进自己的专业发展。四是系统整理，及时消化。不少人参加教研时有感触、有体会，但只是现场的感受，会开完了，感受也结束了，没有及时整理和消化，这才是真正的浪费、真正的没有价值。

四、阅读：拓展自我的"立交桥"

"博观而约取，厚积而薄发"两句出自苏轼的《稼说送张琥》一文，"博观而约取"的意思是广泛、大量地阅读，取其精华为己所用；"厚积而薄发"的意思是大量、充分地积蓄，少量、慢慢地释放。这两句都是指要经过长时间有准备的积累才能有所作为。

老师没有渊博的知识，是不能胜任教学的。当今时代，人们获得信息的途径很多，我们的学生可以通过报纸、杂志、影视、互联网等途径，多渠道地获取众多新鲜的知识，面对学生提出的系列问题，我们不能无言以对。

参加工作的前几年，条件不允许，几乎没有多少书可读。但是，为了上课的需要，我把大学的所有教材和笔记几乎重新翻了出来，这些成为我读的主要书籍。此外，两本历史刊物《中学历史教学参考》《中学历史教学》也成了我最爱看的书籍，现在我还保存着自己手动装订在一起的年度合订本。后来，随着条件的改善，读的书也多了起来。但总的来说，看书太杂、太浅、太俗，充其量只是一种消遣性、随意性阅读。近几年，我心中逐渐有了规划，阅读的书籍也广博了很多。主要还是三类书：跟历史专业有关的著作、适合本人兴趣爱好的书籍及文章、专业教学杂志。近几年，在参加一些高端培训时，我也开始阅读过去从未涉足的教育理论和课程方面的书籍。如内尔·诺丁斯的《学会关心：教育的另一种模式》、刘晓东的《儿童精神哲学》、简·尼尔斯的《正面管教》、杨四耕的《课堂是一种态度》等。正是这些阅读，拓宽了我的视野，促使我的教育教学观念发生了很大的变化，让我的课堂也更具活力。

阅读的过程，不但丰富了精神世界，更收获了一些非常好的阅读习惯。例如，坚持群文阅读，拒绝碎片阅读；坚持主题阅读，拒绝率性阅读；坚持深度阅读，拒绝粗泛阅读。而且，每天基本上可以在固定的时段、保持固定的时长进行阅读，这是最大的收获。管理学上有一个"90分钟"现象：一个普通人"超过90分钟"精力就难以集中，"不够90分钟"则难以处理好一件事。因此，一个成年人阅读要想进入佳境，必须排除一切干扰，保证"90分钟阅读"，否则难以取得最佳效果。

阅读的过程是占有、充实的过程，"腹有诗书气自华"，阅读的乐趣是无穷尽的。人，不能不读书。常读书、多读书、读好书，应该成为我们的标配。教学灵魂不是靠想出来或设计出来的，而是在博览群书、日积月累的基础上自然生成的，根本不用向外寻求，它是内心境界的自然流露，因为阅读的态度决定成长的速度、阅读的宽度决定教学的深度、阅读的广度决定人生的高度。但要明确，阅读的方式比阅读的内容更重要，阅读的习惯比阅读的方式更关键。

读者，独也！只有深度阅读，才能特立独行，才能独树一帜，才能独上高楼，才能从一枝独秀到春色满园。

五、研究：健全自我的"催化剂"

教师成为研究者是教育教学的必然趋势，教师进行研究是专业成长的必要途径，教师进行研究也是晋职晋升的必备条件。生活在这个时代的教师绝不能仅仅停留在"教书匠"这个层面，提炼教学风格、提炼教育思想必然会成为教师工作的重要组成部分。研究，于教师而言，无非是两个方面：论文和课题。

江苏省特级教师束鹏芳说过一句话："对着电脑屏幕过日子的教师，终究是要与文字打交道的。写作是教师生命的组成部分，写作是对教学实践的反思，是对思想边际的挑战，是对读书和理论的反刍，是对教学行为的修正。"作为教师，写作是一个常规性的活动，几乎每天都要写。但是，写论文却被很多教师看作高不可攀，看得很难。我认为，难的不是写论文，而是自己很难跨出第一步。有了第一步，就会有第二步、第三步……如此，路就走出来了。

我的写作历程大体上可以分为两段：以2004年为界，2004年以前的文章基本停留在获奖和小报纸的"豆腐块"层面，虽然数量不少，但含金量不高，学术性不强。我现在所发表的130多篇论文大多是在2004年以后写的。这个转变是"被逼的"，是"赶鸭子上架"。记得2004年5月1日，我接到了一个任务，要为学校写一篇关于校本德育方面的文章。尽管心里十二分的不情愿，但校长将任务交给了我，我无法拒绝。为了写好这篇文章，我查阅了不少书籍，与校长多次交流、讨论，一遍一遍地修改、补充、完善，历时70天，前后共易十稿，最后在7月10日完成了这篇近万字的文章。后来这篇文章在《教育科学研究》杂志全文刊发。这个过程非常痛苦，非常艰难。我绞尽脑汁写出来的东西，被校长轻描淡写的几句话就给否定了，一切从头再来；我好不容易想到的感觉非常好的几句话却被校长毫不犹豫地删掉了。这个时候，我觉得校长没有人性，不体谅人，几次想撂挑子，不干了。但校长就是校长，他在否定我的同时，几句话就又让我觉得生活很美好，无奈只得坚持下来。但这个坚持不仅是有了这篇文章，更是让我看到了希望：我居然还能写，而且还不错的文章。这个"希望"才是我后来能够写那么多文章的重要前提。

我做课题研究的历程也是非常艰难的。第一次做课题是1998年，我和另一位老师一起做的"中学历史智能导向与自主探究"。当时，学校从来没有人做过课题，我们是第一个。但是，什么是课题？怎么做课题？怎么进行研究？我们真的是一点都不知道。当时，对于"知网""检索""综述"这些都不懂。只知道课题研究需要有理论依据、有研究问题、有研究成果。所以第一次像模像样的申报书就只有这些东西，居然通过了。但为了写这些东西，我们也是用尽了全力。学校还特批我们两人带着一笔"巨款"去省城大书店去买一些"有用"的书。后来，我们借助这些书，跌跌撞撞地做完了所谓的课题研究。2002年这个课题获得了省"九五"课题研究成果二等奖。有了第一次的经历，后来几年，我又连续做了几个课题，获得省"十五"课题研究成果一等奖、省基础教育心理健康教育专项研究成果一等奖、全国中小学思想道德建设优秀成果一等奖等。

研究使我不断走向健全，加速了我的专业成长。我做研究的经历，说明了三个问题：一是研究是教师的标配。不能抗拒，无法逃避，不如静下心来，坦然地接受，想办法应对。二是没有天生就会的事。人从很小的孩童时代开始，就在不断地学习、不断地模仿。"会不会"不是关键，"做不做"才是根本。三是付出必然会有收获。这种收获有时是隐性的，有时是微不足道的，但给你的一生可能都会带来影响，只是你没有察觉到。

六、反思：完善自我的"防火墙"

孔子说："吾日三省吾身。"现代教育家叶澜也曾说："一个教师写一辈子教案不一定成为名师，如果一个教师写三年教学反思可能成为名师。"教学反思是指教师对教学实践及背后的理论进行主动的、持续的审视、质疑、分析与重构，不断改进自身的教学行为，从而提高教学实践的合理性，实现自身的专业发展。反思就是不断否定自己的过程，常反思有利于教师形成教学研究的习惯，有利于教师形成自己独特的教学风格，有利于教师逐步走向成熟和完善。

作为特级教师，我在教育教学上，不能说经验不丰富，但如果只有这些经验，也不会走得太远。20多年的教学历程，我真切地感受到，必须正确处理好经验与智慧、经验与反思的关系。现在我在课堂上能够得心应手、应对自如，备受学生欢迎，这得益于授课后我"勇追穷寇"。每一堂课下来，我都会认真对照备课中的一些设计在课堂上是否用上、能否用上、有什么偏差、哪些过了、哪些不到位、哪些没有想到。同时及时整理导学稿，错误的地方纠正、有缺陷的地方完善、平庸的地方优化、薄弱的地方补充。将自己的教学感触、体会及教学过程中学生反映的问题及时整理并记于导学稿之后，成为教学后记。常态化的反思，让我不断地认识自己，不断地完善自己，我的许多教育教学论文就是在这种反思中完成的。在教学实践中，不少教师备课很专心、授课很精心，但下课后却无心去整理和反思，忽视了教学后记这一环节。其实，及时做好教学后记，能使课堂教学效果得到及时反馈，能发现教学过程中的成功与不足，能提升和完善课堂，何乐而不为呢？

反思的方式有三：一是以"写作"为载体的自我反思。建议大家坚持写反思日志和教育叙事。二是以"交流"为载体的集体研讨。教师在交流、批判、思考与共鸣中，通过"个人"与"他人"的对话获得新的认识过程，相互启发，共同成长。其中，课例研讨和专题研讨是很好的形式。三是以"研究"为载体的行动研究。将教学实践置于系统的理论知识和教学研究中来检验与改进，以求得问题的解决和实践的完善。其中，课例研究和课题研究是很好的方式。

"余虽不敏，然余勤矣"[①]

——我的专业成长之路

人生道路自己无法选择，唯有勤奋改变命运。

一、从"天之骄子"到"没有出息"，一夜打回原形

"勤能补拙"，我在学生时代就深深地体会和领悟了这句话。也正是这个"勤"字，让我在该读书的岁月里创造过"辉煌"。说实在的，我从小就是"愚笨"之人，智商、情商都低，不会说话，胆小、内向，极度不自信。学习成绩过得去，但从未出色。高中招生刚过最低录取线，进了一个非常薄弱的农村中学。进入高中后，跟当时大多数同学一样，平庸地过，马虎地活，成绩不太好。对于学习没有想过为了什么，因为当时，大学离我非常遥远，我从来没有认真想过，读书还可以上大学。

一切改变就发生在高二。我们那一届，高中首次由两年制改为三

---

① 该文发表于《师道·人文》2020年第1期。

年制。我的上一届是高二参加高考，大量学生在筛选考试落败和高考失利后回到我们这一届复读，所以进入高二时，我们这个文科班有20多个应届学生，近70个复读生。拼搏的痕迹、考场的失利、人生的焦虑、高考的梦想，被他们带到了班级，无情地碾压着我"无忧无虑"的生活，第一次让我感受到大学原来离得那么近，第一次让我领悟到了读书的目的。

我真正的读书生涯就是从这一年开始的。在他们强烈的感染和影响下，学习真正成了自觉的行动，潜能得到了充分的发挥。一年的努力让我在近百人的班级里脱颖而出，在高二最后一次期末考试拿到了全班第一名。进入高三时，从高考考场又下来了一批复读生，我们班就分成了快、慢两个班。班上有一个非常强劲的对手，我跟他"咬合"着交替前进，也带动和影响着整个班级的学习氛围。当年就我们两个人过了重点本科线，一步跨过"独木桥"，成了人人羡慕的"天之骄子"。

大学的前三年，我继续保持着这种"勤奋"的惯性。这种"勤奋"突出地表现在两个方面：一是学习。前三年，我每天6点起床，晚上10点才回宿舍，课室、图书馆、宿舍，过着典型的"三点一线"的生活。基本上每天第一个到达课室，第一个到图书馆门口等候开门。我把别人用来逛街、睡觉、娱乐、恋爱的时间全用在学习上。每天过得非常充实、非常快乐，也有不少收获。1988年，全国首次组织大学英语四级考试，我们两个班只有4人通过，我的合格证书被放在系宣传橱窗达一个月之久。二是体育。大学入学时被告知，体育必须过关，否则不能拿毕业证。这一点吓到了我，我非常恐惧，也非常焦虑。因为先天身材矮小，后天营养不良，从小我的体育成绩就十分差。为了能拿毕业证，我算是豁出去了。每天早上一个小时、下午一个小时的锻炼硬是坚持了两年，雷打不动。所有的体育考试项目一个一个地突破。引体向上，11个及格，19个满分，进校时，我连一个都做不了，经过两年的锻炼，居然能做到30个。

这段求学经历让我收获很多，除了优异的学业成绩、扎实的知识功底、强大的心理素质、较高的个人信心外，还有两个收获非常重要，一直影响到后来。一是认识上的收获。五年的坚持、笨鸟先飞最大限度地诠释了"勤能补拙"，也让我真正感悟到勤奋能够改变一切、只要努力没有做不到的事。二是潜在的收获。五年的坚持，让我不但养成了勤奋的习惯，而且这种勤奋的因子浸透在血液中、渗透到骨子里，在后来的人生中随处不露痕迹地显露、不经修饰地体现。

"天之骄子"以及学生时代的"辉煌"伴随着"哪里来哪里去"的分配政策转瞬即逝。四年后我又回到了高中母校，真是一夜之间"打回原形"。这是一所非常僻远、非常薄弱的农村高中。我读书时，它依赖大量的复读生暂时耀眼过几年；到我工作时，已经人心涣散、破败潦倒。当时教师几十号人，真正本科毕业的不多，大部分是专科，甚至不少是中师毕业的。来到这里，虽有比较大的心理落差，但我非常坦然，留了下来，而且一待就是四年半。有朋友说我"不思进取""没有出息"，也有朋友说我"蛟龙失水""虎落平阳"。实际上，我不是没有选择。毕业分配时，曾有多个统一分配的单位，我都没去，还是选择回老家。我也不是没有抗拒，有过心理抵触，有过言语埋怨，但都无法改变现状。我是个宿命论者，心里虔信这都是命运的安排，无从改变，只能认命。

二、从农村"弱校"到区域"重点"，一步尝到甜头

四年半的农村薄弱学校任教经历，有过喜怒哀乐，也有过酸甜苦辣。每顿永远只有一个菜的饭堂、一次次天未亮摸黑进行的早操、一个个没有任何娱乐活动的晚上、一段段不知何处去的假期、一群群极度厌学的孩童……让人看不到希望和预期，是煎熬，但也是磨砺。

彼时的我年轻、任性、轻狂，有时也有点懒惰、偏执。但对待教学，我永远一丝不苟。那个时代，教学资源极度缺乏。依靠仅有的一本

教师用书、两本杂志（《中学历史教学参考》《中学历史教学》）和大学教材，我写了一本又一本的教案。从目标的设定、重难点的把握、课程的导入、流程的安排、板书的规划到作业的布置等仔细斟酌，反复推敲。

那个时候，除了班主任工作之外，写教案成了唯一的"大事"。我的做法是"一稿二试三改四调"，即先经过仔细研究写出教案草稿，然后找一个地方自己单独完整地试讲一次，在试讲的过程中找出不如意和需要完善的地方，再修改原来的教案，有时这个修改几乎是完全推倒重来。修改完了之后，才正式上课。上完课以后，根据真实课堂的情况再做适当的调整，最后留下正式的教案。

正是由于对自己的严格、对教学的苛求，我的教学成绩很快就显露出来了。1992年，我所教的学生在高二历史会考中取得了出人意料的好成绩，当年教师节我被评为县优秀教师，年底受到县人民政府嘉奖；1993年的高考成绩依旧出色，当年教师节再次被评为县优秀教师，继续留任高三；1994年的高考历史单科成绩仅次于省重点中学，列全县高中学校第二名，并再次留任高三……正是由于高考成绩非常突出，1995年1月，我被选调进入省重点中学。

四年，三次受奖，让我有了成就感和优越感。当时我还真有点飘飘然了，以为自己真的不错，好像已经功成名就了。但现在回过头来看，其实真没什么。这样的"优秀"，只是教学成绩的优秀，往往是蛮干出来的，没有也不可能是长期积淀的结果，它并不能说明我已经很优秀了。"优秀"有时也会是障碍，后来一段时间，我对教学没有以前那么尽力了，也不想有什么大的发展，因为没有明确的目标和方向，也就没有了前行的动力。幸好，半年后我被调到了另一所更好的学校，崭新的环境、高素质的教师队伍、更优秀的学生，催生了心中那股激情，我找到了人生的目标。

三、从学科"菜鸟"到拥有专业"尊严"，一度找回自信

"菜鸟"是指某个人刚刚加入某个团队，或进入某个行业，需要适应新的环境，接受新的事物。处在这一过程中的人，被喻为"菜鸟"。从师范大学毕业后进入教学岗位，我就是这样一个"菜鸟"。

还记得第一次上课，我提前一个月就备好了课，多次熟悉、了解，几乎是全文背诵，课堂上的一切都是按照设定的程序走下来的，流程堪称完美。还记得学校第一次安排我出考试题，我是完全按照自己的理解设置题型、题量的，结果被科组长全盘否定。还记得我一毕业学校就要我任教毕业班，每次上课过程中，学生的眼神已经告诉了我一切，因而半个学期后我主动请辞。还记得毕业第五个年头第一次参加全县教师教学比武，我得到了一个象征性的优秀奖……虽然很努力，也很投入，但似乎一切都不如愿。本来就缺乏自信，加上效果不理想，我的教学更加盲目，漫无目标，不知何去何从，每天都是机械地重复。一个循环下来，这种状况有所好转。备课熟练了、课堂活跃了、教学有序了、组织轻巧了，学生的眼神也变得温和了、渴望了。我对教学似乎找到了一点感觉。但这种感觉只是相对而言的，处于一种低层次状态。说实在的，我当时很迷茫，不知道怎么突破、怎么提升。

后来，我经过多次公开课的历练，得到过各级教研员的帮助、名优教师的指点；经过多次教学比武的锤炼，先后拿过县、市、省一等奖；经过多次针对课堂教学行为的淬炼，包括省"九五""十五"课题研究，多次外出听课学习，吸纳众人之长；经过多次"被学习""被交流"的磨炼，自身的进步日渐鲜明……后来，我一步步成为市级高三复习备考的专家、省特级教师，成了区域内的学术权威，赢得了专业尊严。我"忙"起来了，这种"忙"说明我找回了自信，我也有了更进一步的强烈欲望。

20多年来，我由一个懵懵懂懂的大学生成长为拥有专业尊严的历史

特级教师，这与社会的塑造、同事的帮助、学生的配合是分不开的，但更离不开自己对教育的那份执着与坚守、对学生的那种倾注与关爱、对自我的那些要求与压力……不断与时俱进，负重前行，在求索、反思、积累和创新中逐步完善自我、超越自我，与历史同呼吸，与课改共生长。

"菜鸟"是一种状态，是每个人成长过程中的必然经历，我们要尽快走过这一状态；但"菜鸟"文化是一种心态，能够催人上进，让希望永驻心中。它时刻提醒我保持新手、学习者的心态，以低姿态向前辈学习、向身边人学习，不断自我反省、自我提升。从"盲"到"茫"再到"忙"，在"菜鸟"文化的指引下，我一步步走向成熟。

四、从"事业有成"到"回到原点"，一切从头再来

教学生涯的第十八个年头，我收获了一份大礼——被评为省特级教师，成为当时全省年轻的高中特级教师之一。对中学教师而言，它预示教学生涯到了一个巅峰，毕竟不是每个人都这么幸运。在别人眼中，我"事业有成"了、"化茧成蝶"了。但于我而言，却没有太多的激动与惊喜。一来不惑之年，经历得也不少，早已过了容易激动的青葱岁月；二来二十年的努力，总觉得该来的一定会来。

特级，不是终点，但我却看到了终点；特级，只是荣誉，但很容易滋长惰性。事业如日中天，工作风生水起，拥有丰厚的人脉资源，在原单位就这么混下去，不失为一个好的归宿。但教学生涯刚刚过半，还有下一个20年，我不想就这么过，期待进一步的蜕变，盼望更大的发展。内心的强大冲动让我在一年后毅然决然地来到了广州，置身于繁华的都市、课改的潮头，毅然褪去荣耀、洗尽疲惫，让自己再一次经受考验。

异地重构、举家迁徙、背井离乡，意味着回到原点，一切从头开始。当时的决心是坚定的，困难也是巨大的。我知道"登高必自卑，行

远必自迩"。因而，初来广州，我摆正心态，以一个初出校门的学生的身份，从头做起。那段时间，我与同事还不太熟悉，没有朋友，没有业余生活，人是极端孤独的。所以，大量的时间我都是在工作中度过的。没有周末，没有节假日，很多时候一个人在办公室挑灯夜战。但我的内心并不孤独，与书本为伴、以知识为友、同大师沟通，我在享受孤独的乐趣。正是这样一种享受，使我有大量时间和精力投入教学中去，潜心研究，自学了大量新课程理论，在相关网站上分享了许多优秀课例。借鉴不容易，超越自已则更难！

　　幸好，有广州这样一个开放舞台的招纳、有仲元中学这样一个包容平台的容纳、有大批历史同人的接纳，我得到了更多交流和学习的机会，也就有了更多再进步的机会。自我感觉，专业成长已是聚沙成塔、积页成书，教学的提升已非一两条街之距离，科研的长进已非一两日之所见。辛勤的劳作、不懈的追求也换来了累累硕果。10年来，我获得了番禺区名教师、番禺区产业急需紧缺人才、广州市优秀班主任、广州市名教师工作室主持人、广东省中学历史学科带头人等荣誉，事迹入选华南师范大学《中学历史教学》杂志"名师选介"栏目和《传递文明火炬的使者——广州地区高中教学名人录》（仅两位历史教师入围）……当然，更大的收获是结识了大批历史学界同人，这是继续前行的动力，也是可望突破的第一资源。

扎"根"立"名"

——兼谈名教师专业成长的有效途径

近年来，全国各地上至教育部，下至各地市教育部门都在遴选、认定、评定名教师。对于名教师，国家并没有明确的界定，各地的标准不一、资格有异。但有一点是共同的，那就是名教师有一定的名望，是在教育领域公认的有重大贡献和影响的学者、教师等。从教师专业发展来看，有普通教师—好教师—优秀教师—名教师—教育家型教师这样一个发展历程。好教师的标准是习近平总书记提出的"四有"，即有理想信念、有道德情操、有扎实学识、有仁爱之心。这是每一位教师都应该具备的，缺一不可，缺少任何一个都难以立足讲台。在从教的几十年中，绝大多数教师都会成为优秀教师。教育家型教师就是凤毛麟角了，非常稀缺，难以企及。名教师，介于优秀教师和教育家型教师之间，人数虽不是太多，但跳一跳还是可以达到的。

今天我们赶上了教师专业成长的好时代。《中共中央 国务院关于全面深化新时代教师队伍建设改革的意见》明确指出：到2035年，教师综合素质、专业化水平和创新能力要大幅提升，要培养造就数以百万计的骨干教师、数以十万计的卓越教师、数以万计的教育家型教师。可见，教师队伍的建设已进入国家战略的层面。各地市也有配套的措施，如广州市建立了三级教师培训体系：骨干教师工程、百千万人才工程、教育家工程，五年内共遴选培养对象4355人，打造564名工作室主持人，认定骨干教师14717人（市级6027人、区级8690人）。

华东师范大学教育学院院长周彬教授在研究了一大批名师的成长历程后，得出一个结论："举凡选择当老师的人，大都有过一个当名师的梦想，只不过有人因为当老师当得很艰难，所以放弃了这个梦想；有人当得顺风顺水，最后就达成了当名师的梦想。这其中，每个人放弃的理由一定各不相同；但每个人成为名师的道路，却有着许多共同之处。"①这个共同之处是什么呢？湖北特级教师余映潮用一句话回答了这个问题，他说："名师成长的过程，往往是'集万千折磨于一身'的过程。"没有谁能随随便便成功。

非洲大草原上有一种草，叫尖毛草，是非洲大地上生长得最高的毛草，有"草地之王"的美称。在旱季的半年中，它几乎是草原上最矮的草，只有1寸（1寸≈3.33厘米）高，人们甚至看不出它在生长。草原上的任何一种野草，长得都要比它旺盛，但是半年后，在雨水到来之际，尖毛草就像是被施了魔法一样，以每天1尺（1尺≈33.3厘米）半的速度向上疯长，三五天时间，它便会长到1.6～2米的高度。科学家研究表明，尖毛草其实一直都在生长，只不过前半年长的是地下部分，一株尖毛草的根最长可以达到28米。尖毛草的生长给我们一个启示：根有多深，注定能走多远。

那么，教师的根在哪里呢？作为教师，课堂是我们的"一亩三分

---

① 周彬：《我看"大国良师"：名师眼中的名师成长——来自教育部首期中小学名师领航班部分学员的启示》，《中小学管理》2018年第9期，第8~10页。

地"，精于园艺、当好园丁，这是己任。[①]教师只有扎根课堂，认真积累，才能立名。教师应该如何扎根呢？我觉得有四个方面非常重要。

一、强烈的意愿——名教师是"要"来的

顾明远老先生说过，教师专业成长要经历"五项修炼"，这五项修炼主要包括意愿、锤炼、学习、创新、收获。厦门一中原校长、特级教师任勇也说过，一个教师真正的成长就在于他内心深处的觉醒。教师所有的专业成长都来源于意愿。意愿，实际上就是专业思想问题！教师只有具有强烈的冲动、愿望、使命感、责任感，才能提出问题，才会自找"麻烦"，也才能拥有诗意的教育生活。所有专业成长的路径都指向教师本身的内在需求。没有需求，就没有发展；没有"野心"，就没有成长。

教师在走上讲台时，先要仔细思考，从三个方面研究自己：一个定位、两个幸福感、三个生长点。给自己一个明确的定位，回答三个问题：我是谁？我要做什么？我应该怎么做？在回答这些问题时，可以采用三种方式：日常反省（时刻对自己的教育教学进行检讨）、交给学生（让学生给自己提建议或意见）、交给同事（请同事帮助自己寻找"短板"），这样才能正确认识自己，才能准确定位自己。作为教师，要牢牢抓住两个幸福感：一是我教过的学生取得优异成绩，考上理想学校、找到满意工作，过上幸福生活，即所谓桃李满天下；二是教师自己要不断地总结成长经验，分享研究成果，撰写教研论文，带领团队成长。但绝大多数教师都只关注第一个幸福感，而忽略了第二个幸福感。第一个幸福感可能促使教师更加努力地工作，但只有第二个幸福感才能让教师在教育教学之路上走得更远。陕西师大附中杨林柯认为：很多时候，我

[①] 谭方亮：《用大力有余，入细心愈研——兼谈教师的专业成长路径》，《师道》2019年第11期，第43-46页。

们忙于推动学生，而忘记了推动自己，所以效果往往不尽如人意。教育乃"修己以成人"之道，不"修己"，何以"成人"？[1]

在研究自己的基础上，找准三个"生长点"：在兴趣中寻找"生长点"，在教育教学的领域中选择自己最感兴趣的环节或事件作为发展方向，兴趣往往能把人带到想去的地方；在亮点中寻找"生长点"，抓住自己的长项，最容易获得成功；在边界中寻找"生长点"，学科或问题的交叉点"人迹罕至"，先闯者先占有。

教师要有点"野心"。教师要有成就事业的"野心"、教师要有成为名师的"野心"、教师要有成文成书的"野心"。[2]没有"野心"就没有进取心，"野心"是促使人向前的重要动力。所有专业成长的路径都指向教师本身的内在需求。没有需求，就没有发展；没有"野心"，就没有成长。

二、丰厚的课堂——名教师是"教"来的

课堂，是教师的道场，既是布道场，又是修道场，体现着一个教师最大的价值和最高的尊严。作为育人的主阵地，课堂自然承载着非比寻常的重任和意义。可以说，教师真正的高光时刻是他站立于课堂之时。[3]名教师，首先是教师，上好课是前提，也是根本。扎根讲台、潜心耕耘，是教师应该做的事。

一般教师与优秀教师的差距在哪？我认为，最主要的差距有三个：一是在时间安排上，一般教师备课时间是少于上课时间的，而优秀教师备课时间远大于上课时间。有经验的教师都知道，花一个小时备出来的

---

[1] 杨林柯：《推动自己就是推动教育》，上海：华东师范大学出版社2015年版。

[2] 谭方亮：《顾我最平凡，辱君误推许——与青年教师谈专业成长》，《师道》2020年第4期，第6-8页。

[3] 郑英：《课堂，可以这么有声有色》，北京：中国人民大学出版社2020年版。

课跟花十个小时备出来的课，其效果是截然不同的。二是课程内容上，一般教师的课程是干瘪的，要求讲什么，他就讲什么，教材有哪些，他就说哪些。但真正优秀的教师，会阅读大量的书籍、积累大量的知识、引入大量的内容，虽然课堂上不一定也不可能全部交给学生，但看得多了、视野广了、角度新了、理解透了，讲起来更游刃有余，听起来更耐人寻味。三是课堂活动上，每一节课都应该紧紧围绕中心和重点，一般教师也会这样做，但可能做不到优秀教师那样能次次命中靶心。教学需要积累，它没有捷径，必须兢兢业业，一点一点地叠加；课堂需要沉淀，它不能浮夸，必须脚踏实地，一步一步地走过。①

课堂沉淀有"四个要素"：长时段的累积、多场景的历练、众群体的智慧、全方位的思悟。不少学校提出类似的要求：一年站稳、五年能手、十年骨干、廿年名师、毕其一生成为专家。这说明，课堂教学需要一个非常长的时间去历练。教师还要想办法参与各种不同类型的研讨课、交流课、汇报课、比赛课，提升自己适应不同场景、不同要求、不同层次的课程需要的能力。通过师徒结对、集体磨课、区域教研、交流学习、课题研究等方式，借助团队或群体的力量促进自己快速进步。对一节课要多角度、全方位地去思考和感悟，如：课前包括课程标准的解读、教学目标的设定、教学方式的选择、教材知识的处理、教学程序的安排、教学方案的编写等；课中包括教学策略是否得当、知识传授是否准确、教学目标是否达成、学情把握是否到位、学生状态是否最佳、课堂组织是否合理等；课后包括哪些存在问题、哪些值得发扬、哪些可以优化、哪些必须纠正、哪些没有到位、哪些有点过度等。

教师的课堂教学有三重境界：第一重境界是"盲"。刚参加工作时，每天都感觉很忙，两眼一睁，忙到熄灯，但仔细想想，好像没做什

---

① 谭方亮：《用大力有余，入细心愈研——兼谈教师的专业成长路程》，《师道》2019年第11期，第43-46页。

么，尤其是除了任务，没有自己主动要做的，大多是"虚"忙。这说明这个时期的工作是盲目的。第二重境界是"茫"。过了一段时间后，部分教师"功成"名未就，感觉自己付出了很多，人家得到了，自己没有得到，开始思索"人生"在何方，是不是自己天生愚笨，或者是社会不公，于是所谓的职业"倦怠"就出现了。第三重境界是"忙"。一二十年以后，有部分教师每天确实很忙，但忙而有"序"，依旧充满激情，好像在享受工作，这是职业生涯的黄金时期。我们每一位教师都要注意目前自己在课堂教学中处于哪一个层次，第二重境界是分化的时期，是开始拉开差距的时期。如果目前正处在这一时期，那就要时刻提醒自己不忘初心。

三、宽广的阅读——名教师是"读"来的

教师职业有一个从不专业到专业的发展过程，教师是不断发展的人，教师是学习者。要让学习成为一种习惯，不断汲取教育教学的新理念、新智慧，时刻把握社会和科技发展的新方向，为学生树立标杆。[1]

华东师范大学教育学院周彬院长研究了名教师需要的知识从何而来，他认为，所有名教师所需要的知识在求学阶段得到的不到六成，绝大多数知识来源于参加工作以后，包括边教边学、专业培训、个人阅读、同伴指导等。[2]

习惯上说，教师有"三历"：学历是正式学习取得的文凭，经历是人生履历、走过的路程，阅历更多地可以理解为阅读的过程。几乎所有的名教师都是爱阅读的。邓木辉老师在分析了30多年来曾经活跃和仍然活跃在中学语文教育大舞台的语文名师后得出一个结论：他们无论起点

---

① 常生龙：《给教师的5把钥匙》，北京：教育科学出版社2016年版。

② 周彬：《我看"大国良师"：名师眼中的名师成长——来自教育部首期中小学名师领航班部分学员的启示》，《中小学管理》2018年第9期，第8-10页。

第二篇 教师专业成长

高低，都终身学习，一生苦读，勤奋研修。名师刻苦读书，勤奋研修，除为提升学历外，更为提高素养，提升能力，因而读书涉猎范围极广，不限于课本、教参与专业杂志，还有文史哲理论专著，教育学、心理学理论专著。①

在我们身边没有哪位名教师不爱阅读，多读书、常读书、读好书，应该是教师的标配。

名教师的阅读都是自觉的。清华附小副校长、特级教师窦桂梅说她几年来阅读量达300多万字，记下了20多万字的读书笔记。苏州工业园区实验二小副校长、特级教师徐斌说："在最初的几年，我阅读了50多部理论书籍和2000多本教育期刊，撰写了100多万字的笔记。"名教师的阅读非常自觉，他们都会在工作之余安排固定的时间阅读定量的内容。

名教师学习方式灵活多样。杭州"教改之星"金奖获得者蒋军晶："随时随地寻找'教你'的师傅。"厦门一中原校长、特级教师任勇："向同行学习、向学生学习、向报刊书籍学习；进修学习、课题学习、学术学习、追踪学习；分阶段有重点地学习；网上学习、传播学习、实践学习、参观学习。"

教师应读哪些书呢？个人认为，主要有三类。

（1）学科专业学术期刊。这些文章"短平快"，有时效性、典型性和前沿性，文章容量通常在2000～6000字，正好可以利用碎片化时间来阅读。

（2）学科学术论著。学科专家、名师长期积累、思考、实践的结果。其中的研究方法、专业思考和理论高度都值得好好学习借鉴，是提升教师学术研究水平的必读书。

---

① 邓木辉：《名师是怎样炼成的——〈中国语文人〉读后》，《中学语文教学》
2011年第9期，第74-75页。

（3）教育智慧和教育理论书籍（期刊）。例如，苏霍姆林斯基《给教师的建议》《学生的精神世界》，联合国教科文组织《学会生存》《教育+财富蕴藏其中》以及来自一线教师的实践经验和教育智慧方面的大量书籍。

教师应该如何阅读呢？管理学中有个"90分钟"现象，指的是一个普通人"超过90分钟"精力就难以集中，"不够90分钟"则难以处理好一件事。这个现象同样适用于阅读，教师阅读要想进入佳境，必须排除一切干扰，保证"90分钟阅读"，否则难以取得最佳效果。教育部教材司何成刚指出，作为专业教师，要开展有品质的阅读，包括：核心阅读，切忌通俗阅读；群文阅读，切忌碎片阅读；比较阅读，切忌粗泛阅读。①

四、扎实的教研——名教师是"写"来的

苏霍姆林斯基说："如果你想让教师的劳动能够给教师带来乐趣，使天天上课不至于变成一种单调乏味的义务，那你就应当引导每一位教师走上从事一些研究这条幸福的道路上来。"的确，对教师而言，写作是一件幸福的事。"对着电脑屏幕过日子的教师，终究是要与文字打交道的。写作是教师生命的组成部分，写作是对教学实践的反思，是对思想边际的挑战，是对读书和理论的反刍，是对教学行为的修正。"②

我认为，教育科研是中小学教师的标配。教师成为研究者是新时代的当然要求、教师进行研究是专业成长的必然途径、教师进行研究是

---

① 何成刚：《开展史学阅读，提高史学素养》，"学科素养与中学历史教师专业成长"学术研讨会（2016年11月5日，深圳）。
② 束鹏芳：《像水一样——历史的倒影》，《中学历史教学参考》2008年第5期，第4-8页。

晋职晋升的必备条件。[1]作为教师，职称上台阶是必需的。在广东省各级职称评审条件中，教育科研是必备的。例如，正高级职称要求"四选二"：市级课题主持人、省教学成果奖二等奖以上、专著10万字以上、论文4篇；高级职称要求：区县级课题主持人、论文2篇。

中小学教师进行教育科研有三重境界：第一重境界是"繁"。刚参加工作的前几年，没有经验，但有热情，而且有师傅领着走，尽管烦琐，但评职至上，所以很愿意做。这是奠基期，大家都是这么走过来的，差别不大。第二重境界是"烦"。几年以后，有的人"功"成"名"就，嫌"麻烦"再也不愿意做，选择躺平，而有些人却能坚持下来。这是关键期，差距在此拉开了。第三重境界是"凡"。对一部分人来说，科研成了习惯，自觉引领团队就像平凡的工作一样。这是黄金期，也是两极分化时期。

实际上，教育科研离中小学教师并不远。福建师范大学教师教育学院院长余文森认为，中小学教师教科研有"三种类型"：教学型教研（日常性教研）、研究型教研（专题性教研）、学习型教研（提高性教研）。教学型教研，着眼于教，以教学问题为对象，以课例为载体，采用沟通、交流、讨论等方式，最后形成教案、教学设计等研究成果。研究型教研着眼于研，以科学问题为对象，以课题为载体，组建课题研究小组，最后形成研究报告。学习型教研着眼于学，以专业成长为对象，以项目为载体，通过读书、观摩、思考、交流等方式，最后形成读书笔记、读后感、观后感等成果。而其中第一类教研，每位教师每天都在重复地进行着。

我建议中小学教师进行草根研究。什么是草根研究呢？草根研究要坚持三个意识：问题意识（发现问题、提炼问题、研究问题、解决问

---

① 谭方亮：广州市三十三中讲座（2019年5月15日）。

题）、现场意识（研究问题现实化，面向事实本身）、理论意识（加强教育学、心理学的理论学习）。通过三条途径：无拘无碍（研究形式：不必拘泥于规制，强调自己的感受）、无中生有（研究方法：批判性思维、发散性思维）、无微不至（研究问题：处处留心皆学问）。

在进行教学研究的时候，要注重日常记录。日常鲜活的一线记录，不仅是成就教师论文的现场感与可读性的最佳素材，更是极受编辑青睐的细节描写、案例评析的最好来源。[①]日常记录包括哪些呢？备课的体会、教学的感悟、阅读的心得、课堂的反思、研究的成果、讨论的历程、同行的评价等都可以记录。什么时候记录呢？日常，也就是常态，如有了新的想法并实施了新的做法时、学生或同事向自己提出反馈时、对突发的教学事件的处理、在听课或被听课之后、在外出教学考察中、课题研究时等。有了平常的一线记录，成文成书就顺理成章了。

论文写作务必注意文章的标题，标题是论文写作的吸睛之处。文章大标题要做到文字少而精、问题小而实。论文的题目一定要与内容相符合，要做到准确、新颖和简练；论文题目要有充足的信息量，便于检索；要能将论文的闪光之处概括在论文的标题之中。近年来，我写的文章题目主要有四个类别：基于问题类，如《高考复习中如何突破教材——以人教版〈罗斯福新政〉一课为例》《高考复习如何突破重点、难点》《二战后日本为什么没有向中国赔款》等；基于特征类，如《"收官"与"归队"——2015年广东高考历史试题分析》《纤纤作细步，精妙世无双——简评2014年广东高考历史试题》《超凡脱俗，理性回归——2012年广东历史试题概说》《风景这边独好——2012广东高考历史试题亮点分析》等；基于方法类，如《二轮专题复习有方法》《选

---

① 黄日暖：《教师"成长型写作"要义》。

第二篇　教师专业成长

错分析与纠错策略之我见——以2013年高考广东卷四道选择题为例》《高考历史题型分析与应试策略》等；基于感悟类，如《关于"墙"的历史感悟》《历史主题教学的思考》等。此处，要特别注意文内的小标题，文内小标题应该简明扼要，要照应主题、符合逻辑、艺术呈现、字数对等、结构一致、逻辑递进。例如，我在芬兰学习回国后发表的第一篇有关芬兰教育的文章《"小国办大教育"的成功之处》，内有五个小标题：一地"散落"的小石子、一个"多动"的小男孩、一堆"诱人"的原材料、一张"手绘"的小表格、一根"可动"的小立柱。①在上海学习的心得体会《上善若水，海纳百川——记上海研修之行》，内有五个小标题：课程建设的理解更明确、专业成长的路径更多样、高考改革的理念更清晰、教育资源的开发更灵动、教育追求的脚步更坚定。②

我历来强调，教师要做到三个"一样"：像专家一样专注、像讲座一样讲课、像作家一样作文。③专家为什么能成为专家？就是因为他们长时间专注于一件事，花费了更多的时间、投入了更多的精力、掌握了更多的知识、有了更多的理解和思考，所以才能成为专家。因为专注所以专家。作为一个有经验的教师，不备课可能也会上好课，但如果他的课堂上坐着的都是跟他一样水准的专家、学者，他还能不认真备课吗？对作家而言，写作是饭碗，一天不写作就意味着可能没有收入，所以他得每天固定地花上一定的时间、写上一定的文字，如果我们教师也能每天花上20分钟、30分钟，写上500字、800字，没有写不好文章的。如果

---

① 谭方亮：《"小国办大教育"的成功之处》，《广东教育·综合》2018年第2期，第76-77页。

② 谭方亮：《上善若水，海纳百川——记上海研修之行》，《师道：人文》2018年第12期，第45-47页。

③ 谭方亮：《从"民师"走向"名师"》，专题讲座，中山大学附属中学，2019年5月30日。

我们能够做到三个"一样"，离名师也就不远了！

五、结语

广东二师闫德明教授说："名师在明不在名。老实说，一时一地的名师，没那么难。但是，明师，明明白白当老师，那就是一生一世的事了。"[①]我们既要做名师，更要做明师。

---

① 闫德明：《十年成为名师，可以吗？》。

第二篇　教师专业成长

借力工作室助推教师专业成长①

广东省谭方亮名教师工作室有成员6人、正式学员10人、网络学员103人。正式学员10人，来自广州、清远、云浮、湛江4市10所学校。网络学员103人中，广州市内32人、市外省内36人、省外35人。这是一个共同学习的大家庭。2021年11月8日，在广东仲元中学附属学校至善厅，工作室举行揭牌启动仪式。在揭牌启动仪式上，给大家谈谈个人对工作室的理解。

一、要准确解读工作室匾牌的内涵

我认为名教师工作室匾牌有四个内涵。

奖牌，是教育行政部门授予我们的一份荣誉牌，我们必须珍惜。

站牌，是能为教师们提供教育教学服务的驿站，我们理应担当。

路牌，是大力引领青年教师专业成长的指示牌，我们义不容辞。

令牌，是担负起区域提升、团队成长的责任牌，我们责无旁贷。

我们工作室将借助这个匾牌构建集学习、教学、科研、培训、交流

① 本文是作者在广东省谭方亮名教师工作室揭牌启动仪式上的发言，有删改。

于一身的教师合作共同体。我们将着力开展理论学习、课题研究、教学研讨、课程研发、网络辐射、专家引领、考察交流等不同形式的工作，充分发挥名教师工作室的作用和价值。

二、要准确定位名教师工作室

谭方亮名教师工作室的定位是四个"ming"。

民师工作室：工作室面对草民教师、普罗大众，103个网络学员中初级职称或无职称人员占比高达76%，大多数人是典型的"四有二无"：有专业基础、有成长梦想、有工作热情、有德育经历，但无科研经验、无成长平台。工作室就是要给普通的一线教师提供平台和机会。

鸣师工作室：工作室将采取"问疑寻真相、辩难求发展"的争鸣的工作方式，营造"有序、有情、有效、有趣"的和谐的工作生态，助推教师的专业成长。

明师工作室：明师，出自《韩非子》，意思是"贤明的老师"。工作室希望通过三年的努力，让学员们既做贤明的老师，更明明白白地做老师。

名师工作室：工作室将以课堂教学为主阵地、以教育科研为先导、以中青年骨干教师培训为重点，打造一个在学校教育教学领域中有成就、有影响的名师成长群落，让名师工作室真正成为人才成长和带领人才成长的前沿阵地。

三、要明确工作室的工作思路

谭方亮名教师工作室将采取四"视"的工作思路。

仰视：仰望星空。工作室要求学员仰望星空、抬头看天。要高起点、高站位，与名家为伴，跟大师过招。

俯视：脚踏实地。工作室要求学员既要仰望星空，更要脚踏实地，立足日常教学工作，从小处着眼，从小事入手，踏踏实实地做好每一件平凡的事情，不要眼高手低、好高骛远。

平视：巧借东风。我们要利用工作室这个平台，加强成员之间的合作交流，发扬互助互学的精神，充分发挥团队优势。激活内生力，寻找发展点，让自己快速地进步和成长。

环视：博采众长。工作室成员不仅要自己谋发展，还要发挥榜样的力量，示范引领和带动周围的教师共同进步。同时，我们要和其他工作室取得联系，加强交流，联手开展活动，拓宽视野，取长补短，谋求共同发展。

"一花独放不是春"，"独行速，众行远"。我们将充分利用工作室这个平台，尽力做好工作室的常规工作，在省、市、区教研部门的协调下创造性地开展活动，用我们智慧的大脑、勤劳的双手和辛勤的汗水去浇灌、耕耘这方乐土，使之成为名师展示的舞台、骨干成长的摇篮、教学示范的标杆、教育科研的窗口、教师培训的基地、教育改革的智库。

第三篇

教学与评价

"素养导向"的命题立意
助推考、教、学一体^①

——以一道阶段性考试选择题为例

　　有学者在分析中国某一时期政治形势时说："国民党被赶出长江中下游地区，并丧失了精锐部队，同时中国共产党正在广阔农村扩大力量，并赢得民众的支持。"据此推断，此后（　　　）。

　　A. 农村革命根据地广泛建立

　　B. 抗日民族统一战线正式建立

　　C. 中共取得三大战役的胜利

　　D. 敌后战场逐渐成为抗战主战场

　　该题素材来源于美国学者费正清的《剑桥中华民国史1912—1949年（下卷）》。记载的是1939年初，随着日军的大规模进攻，国共两党力量的变化和活动区域的变动情况。

---

① 此文发表于《中学教学参考》2021年第11期。

一、学生答题情况分析

该题测试情况很不理想，全校282人参考，24人得分，正选率仅为8.5%，成为全卷正选率最低的题（见表1）。题干材料的关键信息有两处，一是"国民党被赶出长江中下游地区，并丧失了精锐部队"；二是"中国共产党正在广阔农村扩大力量，并赢得民众的支持"。对这两处关键信息的把握是否准确、到位，在很大程度上影响到学生的答题。

表1　学生答题分析

参考人数	A	B	C	D	正选率
282	102	6	150	24	8.5%

错选A项的同学只抓住了第二个关键信息，忽略了第一个关键信息。他们一看到"中国共产党正在广阔的农村扩大力量，并赢得民众的支持"，就立刻联系到了农村革命根据地，于是选择A项。实际上，选择A项的同学，除了没有关注另一个关键信息外，还混淆了两个概念，即农村革命根据地和敌后抗日根据地。这是中国共产党在民主革命时期不同阶段建立起来的两类根据地，它们之间存在着极大的差异，但也有着许多相同点。大革命失败后，中共工作重心都在农村，中国革命坚持走农村包围城市、武装夺取政权的道路。中国共产党代表人民的利益，始终坚持群众路线。因而，位于农村、得到人民的支持是两类根据地的共性，并不是农村革命根据地的特征（见表2）。

表2　农村革命根据地和敌后抗日根据地的比较

异同	比较项	农村革命根据地	敌后抗日根据地
不同之处	存在时间	土地革命时期（1927—1936年）	全面抗战时期（1937—1945年）
	主要区域	南方，以江西为中心	北方，以山西为中心
	主要根据地	湘赣、湘鄂赣、闽浙赣、赣南闽西、湘鄂边、左右江、海陆丰	晋察冀、晋绥、晋冀豫、冀鲁豫、山东、苏南、皖东

异同	比较项	农村革命根据地	敌后抗日根据地
不同之处	主要任务	反蒋	抗日
	军队名称	红军	八路军、新四军
	演变情况	第五次反围剿失利后，主动放弃	抗战胜利后发展为解放区
相同之处	地理位置	都位于农村、都处于敌人后方、都位于几省交界处、都相对被分割、都没有连成整体	
	发展和演变	都经历了从无到有、从小到大的发展历程；都有自己的军队，开展独立的武装斗争；都建立了自己的政权，都得到了广大人民的支持	
	结果和影响	都一度成为敌人重点进攻的对象，都曾给敌人以沉重打击	

错选C项的同学抓住了第一个关键信息，也留意了第二个关键信息，但却在历史时序上犯了错误。他们知道在解放战争时期，随着人民军队的节节胜利，国民党军队逐渐被赶出长江中下游地区，也丧失了精锐部队，后来被赶出了大陆，败退台湾。当然在这个过程中，中国共产党也在农村不断发展，并得到更多民众的支持。好像这一时期的政治形势似乎跟解放战争时期的政治状态是吻合的，但他们没有留意时间的先后，把历史发展的因果关系弄错了。应该说，三大战役基本上消灭了国民党军队的主力，随后通过渡江战役才逐渐把国民党军队主力赶出长江中下游地区。在新民主主义革命时期，随着革命形势的发展、力量对比的变化，中共政治活动和军事活动区域也随之发生变化（见表3）。应该说，错选C项的同学，对于这种变化，并没有充分把握。

表3　新民主主义革命时期中共政治中心和军事重心的变迁

新民主主义革命兴起和国民革命时期	北京（五四初期）—上海（五四后期、中共一大、中共二大）—广州（中共三大、国民革命）—长江流域（北伐胜利进军）	
土地革命时期	政治中心：上海（城市）—瑞金（农村、南方）—延安（农村、北方）。体现了由城市到农村、由南方到北方的历程	
	军事重心：南方（反蒋）—北方（抗日）。体现了社会主要矛盾的发展变化	
抗日战争时期	政治中心：延安	
	军事重心：敌后后方（华北、江南、东北）（农村）	
解放战争时期	政治中心：延安—西柏坡（七届二中全会）—北京（进京赶考）。体现了由农村到城市的转变	
	军事重心：①全面防御—重点防御（陕北、山东）—战略反攻（中原）—战略决战（东北、华北）—全国解放（华南、西南、西北） ②东北（辽沈战役）—华北（淮海战役、平津战役）—江南（渡江战役）—华南、大西南、大西北（追歼残敌）	

　　上述同学虽然出现错选，但他们认真阅读了材料，留意了材料中的重要字词句，从中提取了关键信息，答题的基本顺序和思考方向是没有问题的。但这些同学基本上都是在基础知识的掌握上存在偏差，没有建构起流畅的知识链，或者知识存在断层的现象。基础知识有偏差，导致他们在材料的阅读、信息的提取、知识的迁移、概念的理解、结论的判断上都存在着问题。基础知识的偏差固然与学生的识记、理解、运用等有关系，但与教师的教学也不无关系。

　　首先，留意时间有余，关注空间不足。大部分教师对时序会比较关注，教学中会通过各种不同的方式来解读时间的演变，如以时间轴、坐标图、大事年表、思维导图、流程图等呈现出时间的先后顺序和逻辑关系，这样让学生对时间有不同程度的敏感和关注。但是在空间观念的培育上，教师们普遍都关注不够、着力不足，没有给予学生强烈的空间意识。其次，关注知识有余，关注思维不足。一轮复习中，大家都是按部就班，一个单元一个单元地复习，一个知识点一个知识点地突破，化整为零、各个击破。但对于单元之间的逻辑、知识之间的联系可能着力不够，不少学生无法建立起完整的知识链条，也缺乏合理的逻辑推理和历史演绎能力。这样，学生得到的知识不少是孤立的、单个的，影响了他们对历史的系统理解和整体把握。

二、学科素养考查情况分析

该题考查效果不理想，区分度不高，但在试题的命制上却有其可取之处。从试题立意来看，试题着眼于中国共产党的发展壮大，考查了中国共产党党史和近代革命传统文化，与当前高考命题的立意基本一致。从知识考查来看，试题立足于抗战前期敌我战略态势、国共两党力量对比和区域变迁的相关史实，既源于教材又不拘泥于教材。从思维考查来看，试题要求考生阅读材料提取信息，调动和运用相关知识，描述和阐释事物，从而解决问题，四大学科能力均涉及。从素养考查来看，试题重点考查时空观念和历史解释素养，并隐性考查了史料实证、唯物史观和家国情怀素养。因而，该题较好地体现了"价值引领、素养导向、能力为重、知识为基"的命题理念。

1. 时空观念素养的考查

时空观念是高考考查的着力点，属于核心思维层面。它具有普遍性，无处不在，无题不有。该题较好地考查了时空观念素养。题干材料没有时间界定，但学生需要根据国共两党力量的变化和区域的变迁，准确判定材料所述的时间范围，否则就容易出错。引导学生"辨识历史叙述中不同的时间与空间表达方式"，并"理解它们的意义"（水平一）。试题要求学生在准确把握时间的基础上，再结合题干材料注意空间的变迁，特别是国民党统治区域的变动、军事力量的变化以及中国共产党工作区域的相应变化。引导学生"将某一史事定位在特定的时间和空间框架下"（水平二）。然后对选项进行分析，得出相应的历史结论，"把握相关史事的时间、空间联系，并用特定的时间和空间术语对较长时段的史事加以描述和概括"（水平三），从而培养学生"在对历史和现实问题进行独立探究的过程中，能将其置于具体的时空框架下"（水平四）的思维方式。

2. 历史解释素养的考查

历史解释素养往往是高考考查的创新点，属于学科核心能力层面。该题直接考查了历史解释素养。首先，选项中涉及几个重要的历史概念，包括农村革命根据地、抗日民族统一战线、三大战役、敌后战场等，对这些概念进行准确的把握和理解，是准确解答问题的前提。这本身就属于历史解释的范畴。其次，学生还必须在广泛占有知识的基础上，通过知识迁移"对所学内容中的历史结论加以分析"（水平一）。该题还要求学生根据题干材料创设的历史情境，"运用相关材料并运用相关历史术语，对个别或系列史事提出自己的解释"（水平二），从而得出历史结论。

3. 对其他学科素养的考查

本题还隐性考查了史料实证、唯物史观和家国情怀三个核心素养。题是典型的情境材料题，命题者通过提供史料，创设历史情境，要求学生"从所获得的材料中提取有关的信息"（史料实证素养水平一），并在此基础上"在对史事进行论述的过程中，尝试运用史料作为证据论证自己的观点"（史料实证素养水平二）。试题的主旨是引导学生反思历史：中国共产党为什么能够发展壮大？中华民族为什么能够逐步摆脱列强控制走向自强？作为民主革命的领导者，中国共产党从小到大、从弱到强，逐步发展壮大，靠的是什么？重要原因就在于密切联系群众，坚定地走群众路线，得到广大人民群众的拥护。试题的设计有助于学生树立起"对家乡、民族、国家的认同感"（家国情怀素养水平一、二），同时引导学生"反思历史，从历史中吸取经验教训，更全面、客观地认识历史"（家国情怀素养水平三、四）。试题呈现了国共两党力量消长及区域变迁，表层原因似乎与日军的进攻有关，但其本质原因在于民心的向背。命题者就是想引导学生透过历史的纷杂表象认识历史的本质，而这就是唯物史观的方法论。

三、对复习备考的启示

就高三复习备考而言，教是为了学、学是为了考，考、学、教三者应该和谐统一、全力推进。该题命题的意图、考查的方式、测试的状况、反馈的问题，都应该引起教师的重视，并以此优化教学流程、完善备考环节、提升复习效率。

1. 方向是核心，平稳是关键

教育部考试中心在2020年高考历史试题的评析中说，命题深入贯彻落实高考内容改革要求，遵循"方向是核心，平稳是关键"的原则，充分发挥历史学的育人功能，增强立德树人的时代气息。高考作为选拔考试，一直以来都在承担着为国育才的大任，体现着国家的意志。《中国高考评价体系》通过解决"为什么考、考什么、怎么考"的问题，从高考层面就"培养什么人、怎样培养人、为谁培养人"这一教育根本问题给出了答案。高考命题有了更明显的方向，这有利于中学备考。现在，随着新高考制度的逐步推进，部分学科的命题由教育部考试中心下移到了各省考试中心，不少教师对此有顾虑：试题有没有什么变化？命题有什么新的趋势？真正的高考命题人是谁？是一个个教授、学者，但最终是这个时代！因为高考要实现的功能不仅是改变个人的命运，更是为国选才。"题应时而命，文应时而作"，因而，在谁命题这个问题上，真没必要过于纠结。

2. 文本最重要，真题须钻研

2020年起，中国高考进入了"后考纲时代"。后考纲时代，师生备考必须用好三个文本：《中国高考评价体系》、课程标准和教材。

《中国高考评价体系》创造性地提出高考命题理念从"知识立意""能力立意"向"价值引领、素养导向、能力为重、知识为基"转变。上述选择题就是一道典型的"素养导向"试题。因而，中学教师要从学科的层面解读中国高考评价体系，深刻理解高考评价体系的内容和性质，准确把握"一核四层四翼"的含义，深入探究问题情境在高考中的价值和功能。

课程标准从学科层面，对课程性质、课程目标、课程结构、课程内容、学业质量检测、实施建议等做了一些规范和要求。要正确处理新旧课标的关系，知识内容基于旧课标、核心素养来源于新课标、教学要求和考查方式二者皆兼顾。

教材是学生备考唯一的、最权威的文本资料，高考几乎所有考查知识点都来源于教材。不少省份2021年高考是"三旧一新"，即旧标准、旧课标、旧教材、新高考。因而，复习备考必须立足旧教材，抓住学科主干。要关注新教材，但切勿过度解读新教材；在不加重学生负担的前提下，新教材部分内容可以作为学习素材和试题情境，如多元一体、民族交融、文化认同、统一多民族国家等历史概念，史料阅读、历史纵横、学习拓展等学习资源以及大量的历史地图和学术前沿观点等。

高考是指挥棒，高考真题从一定程度上引导着中学教学。复习备考要加强对高考真题的研究。首先，研究的范围主要是近年来全国卷各套试题，至少五年，甚至八年。对这些试题，教师应该做定量分析，汇总试题，分类研究，详细了解材料的多样形式、问题的呈现方式、知识的考查角度、考点的考查频率、试题的演变趋势、学生的潜在问题等。这些都是教师应该做的。其次，要让学生多做真题，从中寻方法、悟启示、找题感、得规范。最后，要对真题进行改编，充分发挥真题的价值。例如，选择题修改选项、主观题改变角度、常规题变换条件、开放题重构答案等。

3. 基础是王道，提升靠训练

基础知识永远是第一位的。不管考题形式如何千变万化，新颖材料怎样层出不穷，但归根结底都要落实到历史知识上来。高考命题强调基础性，关注主干内容，每套试卷中都包含一定比例的基础试题，因而需引导学生打牢知识基础。因此复习时必须重视基础，全面准确掌握重要史实、历史概念、历史结论、阶段特征、基本线索、发展过程等才是学习、提分之道。必修与选修要主次分明，整体与局部要强弱得当，中国与世界、古代与近现代要配置合理。

复习必须与练习相结合，正确而科学的训练能巩固复习的成果，排除思维障碍，从而培养学科能力。高效训练要注意三点：一是精选题目。选题应有三类，即教材基本内容的重现或变通的题、培养历史思维能力的题、史学理论应用方面的题。二是科学做题。不能仅仅停留于获取答案，要关注做题的过程，归纳答题方法、分析错因、总结规律和技巧。三是重点讲评。既要讲知识，更要讲方法。既可以分门别类地讲，也可以就题论题或借题发挥，达到由一题而多题的练习效果，以训练学生答题规范化、知识系统化、思路规律化、知识能力化。

梨花一枝春带雨 [①]

——从初中历史课"透物见史·瓦当会说话"说起

2019年7月16日，《中学历史教学参考》创刊40周年纪念暨历史教育全国学术研讨会上，南京外国语学校唐园园、郝世奇两位年轻女教师执教的"透物见史·瓦当会说话"一课（以下简称"瓦当课"）给大家留下了深刻的印象。

该课由历史老师和美术老师共同执教，以博物馆中的各类瓦当为题材、以时间为主轴、以演变为线索梳理瓦当的缘起、作用和特点，落脚于瓦当人面纹图案的艺术解读和图案创作。从教学设计来看，学生既有历史知识的视野，也有艺术美感的熏陶；既有文物资源视听觉的感受，也有才艺创作张扬个性的机会。从教学效果来看，教学环节流畅，师生高度互动，教学目标顺次达成；课堂上学生轻松的举止、开心的微笑、满足的眼神、中肯的评价足以说明一切。从素养落实来看，既较好地诠释了时空观念、历史解释、家国情怀等学科素养，也渗透了人文积淀、

① 该文发表于《广东教育·综合》2020年第3期。

人文情怀、审美情趣等基本要点。当然，课堂也存在一些问题。正如评课环节大家提到的，"历史课堂被美术老师带跑了""课题是'瓦当会说话'，但全课下来瓦当说了什么，似乎看不出来""了解文物，应该更多地让学生了解文物背后的历史知识，而不要太在意文物自身"。这些评论并不偏颇，确实也点到了这节课的软肋。但从课堂变革的角度来看，我是很赞同这节课的。两位年轻女教师在课堂上的风采展示似有颠覆传统课堂之嫌，给人不一样的感受和无限的思考。梨花本高洁，即使带雨也难掩其美丽。"瓦当课"至少有以下三点值得大家去思考。

一、合作教学的初步探索

"一师一课堂""我的课堂我做主"，长期以来，传统教学就是一位教师领着一群学生完成学习任务。新课程改革坚持以人为本，强调学生的主体地位，但上课只有一位教师。当唐园园、郝世奇两位老师的名字共同出现在PPT上时，学生乃至听课的老师都感到很新奇；当园园、世奇都能在讲台上授课时，大家更是眼前一亮。两位老师合作设计教学方案、共同研究教学问题、携手制定教学策略、联袂完成教学任务。一主一次，主次分明；分工合作，在合作中分工，在分工中合作。既"单打独斗，轮流坐庄"；又"共同登台，一唱一和"。课程由历史知识切入，较大部分以历史老师为主体，但课程后半部分由历史知识转为艺术鉴赏，进而转为艺术创作，美术老师适时登场。在课堂展示环节，两位老师共同主持，一搭一档，引导学生说出自己想说的话和内心的感受，这时候似乎两人的引导比一个人更为有效。姑且不论知识跨界是否顺畅、配合呼应是否默契、衔接替换是否顺当、初中学生是否适应，单就二人联合讲授一课的做法就足以让我们"教育人"思量。

小组学习、合作学习、共同探究近年来颇受重视，但合作教学却很少有人关注。我查询了相关资料，发现合作教学目前在一些高校的公共课中有所实践，效果也不错。在中小学校，课堂上合作教学涉猎者似乎并不多。实际上，目前部分学校存在的副班主任制似乎也有合作的因素。我认为，合作教学至少能够发挥教师群体智慧，使教师优势互补，有利于课堂教学管理和课堂教学质量的提高，从而能够促进教师的专业发展。唐园园、郝世奇老师的探索是有益的。

二、跨科融合的大胆尝试

知识本无边界，学科亦有交叉，有些知识很难界定属于哪一学科。这一点老师明白，学生也知道。界限分明的学科教学在一定程度上是不利于学生全面、系统地掌握知识全貌的。随着科学研究的深入，其专业化发展的同时综合化趋势也越来越明显。

现代社会需要的不是单一的人才，而是具有多学科知识的复合人才。正在推行的新高考改革取消文理分科、选科走班等做法在某种程度上也体现了学科界限的逐渐模糊。现在芬兰基础教育阶段比较流行的"现象教学"就是典型的跨科融合的做法。所谓"现象教学"，就是学校提供与社会生活密切相关的社会现象，由学生透过现象，确定主题，然后团队集体"做研究"，包括研究内容、研究方法、涉及学科、组织与评价等。事前要有计划，事后要有报告。与传统教学相比，现象教学最大的特点是跨学科横向融合。一个社会现象往往涉及多个学科，有助于打破学科间的界限，突破单一学科教学单线思维的束缚。在做研究的时候，若学生思维越丰富、视野越开阔，涉及的学科会更多。现象教学涉及的问题较多，涵盖的知识丰富，需要学生多角度思考、大范围协调、全方位解决。这个过程既较好地培养了学生动脑的"软"技能，如沟通表达能力、阅读思维能力、组织整合能力、筛选甄别能力等；也能培养学生动手的"硬"技能。所有学生的双手和大脑都得到释放，从而使智慧和技能得到展示与提升。

国内正在悄然兴起的STEM教育旨在将科学、技术、工程、数学有机结合，培养学生的科技理工素养。作为人文学科的历史是不是也可以与其他学科连接，进而培养学生的人文素养呢？事实上，作为历史教学目标的五大素养与其他学科之间存在着或多或少的关联。例如，唯物史观关联政治学科，时空观念关联地理学科，史料实证关联语文、地理、政治、数学、信息等学科，历史解释关联语文、地理、政治、数学等学科，家国情怀关联语文、政治等学科。

苏霍姆林斯基说过："理想的教育是培养真正的人，让每一个自己培养出来的人都能幸福地度过一生，这就是教育应该追求的恒久性、终极性目标。""瓦当课"将历史与美术有机融合，实现了跨学科的教学，能让学生在课堂上得到成长、得到提升。育人的目标达到了，为什么还要区分是哪一学科呢？

三、课程资源的有效拓展

教材作为教学的主要课程资源并渐渐成为中小学教师的唯一资源，不少教师奉行"教材至上、知识唯一"的原则，"本本主义"思想严重。但近年来，这种情况有了很大改善，教学资源得到拓展。

"瓦当课"以苏州地区常见的瓦当为题材，引入博物馆中不同时期的瓦当资源，引领学生"透物见史"，聆听"瓦当说话"，讲述了瓦当在不同时期图案和寓意的变化，让学生明白历史不仅可以眼看、耳闻，更可以用心"触摸"，也让大家看到了课程资源的有效拓展。研讨会还邀请了南京外国语学校教学处副主任尚媛媛老师介绍学校基于历史教育跨科探索的实践与思考，引起了与会人员极大的兴趣、讨论和思考。大家普遍认为博物馆课程基于综合素养发展的这种探索方向是值得肯定的。

坚守未必就是最好，创新也许能够超越。充分激发学生的内驱动力，全面培养学生综合素养，深刻影响学生长远发展，这样的创新可能更接近教育的本质。

素养本位，效率优先[①]

——"鲜活的法律，永久的生命：罗马法的起源与发展"复习课案例

一、案例简介

罗马法体系宏大、时间久长、内容庞杂、影响深远，历来是教学的重点、高考的高频点。我利用腾讯课堂开展线上教育时，做了一些探索。按要求线上教学教师发声的时间不能超过20分钟，因而必须精讲精练，把时间留给学生，把机会让给学生。复习课不同于新授课，机械重复会让学生觉得教师在"炒冷饭"，必须保持学生对历史课的新鲜度和敏感性，这样才能提升学生学习的积极性和复习的效率。同时，教师没有面对学生，学生自觉性不够，注意力难以集中，因而教学方法也要相应调整。本课的主要特色是以主题教学、目标引领的方式渗透素养，以任务驱动、瞄准靶心的方式强调效率。

[①] 本文为作者2019年4月25日在"华南师范大学—中小学"协同发展联盟在线教学案例云分享的发言，其中本课案例获得"华南师范大学—中小学"协同发展联盟优秀在线教学案例评比一等奖。

二、教学设计

复习目标：

（1）结合罗马国家的发展情况，了解罗马法的演变历程，增强时空观念。

（2）结合政治、经济状况，运用唯物史观分析罗马法发展的阶段性特征和罗马法的实质。

（3）掌握罗马法发展过程中的相关概念，加强对历史的理解。

（4）阅读材料，提取罗马法的内容、特点及影响的相关信息，学习论从史出、史论结合、史由证来的方法。

（5）从人类文明的传承和发展角度，理解法律在人类社会中的价值。

教学流程：

导入：罗马法是指公元前6世纪末到公元7世纪古代罗马（共和国和帝国时代）制定和实施的全部法律制度。它随着罗马国家的发展而演变，呈现出明显的阶段性和连续性，在复杂的发展中又趋向统一。

（一）罗马法的起源与发展（教学重点，以教师讲述、师生互动为主）

1.展示中外关联时间轴

对比了解古代中国和罗马历史发展的基本特点（见图1）。

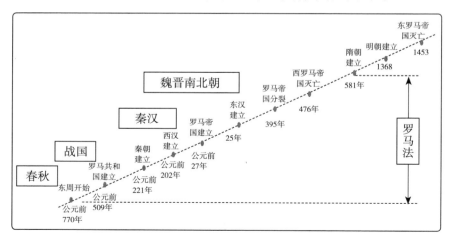

图1　中外关联时间轴

2. 展示罗马法发展演变的时间轴

引导学生认识罗马法发展演变的三个阶段，并分析每个阶段变化的原因和影响（见图2）。

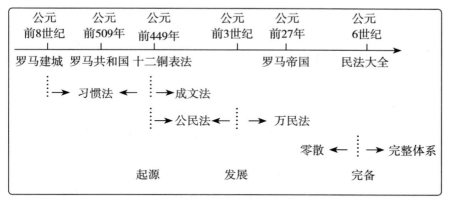

图2　罗马法发展演变的时间轴

（1）形式上：从习惯法到成文法。

原因：平民反抗贵族斗争。影响：审判、量刑有法可依；贵族对法律的随意解释受到限制；平民的利益得到保护，但保留了一些野蛮的习惯法。

（2）范围上：从公民法到万民法。

原因：版图扩大，引发文化冲突，造成社会动荡；国际交往扩大，从经济活动中产生新问题。影响：协调了罗马人和外邦人之间的关系及外邦人相互之间的关系，有利于缓和民族矛盾和社会矛盾。

（3）体系上：从零散到完整体系。

原因：皇帝的重视；法学家的努力。影响：标志着罗马法体系的完备。

（二）罗马法的内容和特点（任务驱动，学生自主学习为主）

（1）根据史料一，概述罗马法的核心内容。（核心内容：保护私有财产）

史料一：

《十二铜表法》：第3表，债权人可将无力偿还的债务人交付法庭判决，直到将其戴上足枷、手铐，甚至杀死或卖之为奴。第5表，凡以遗嘱处分自己的财产，或对其家属指定监护人的，具有法律上的效力。第8表，期满，债务人不还债的，债权人得拘捕之，押其到长官前，申请执行。

（2）根据史料二，概括罗马法的核心思想。（核心思想：自然法思想，包括人生而自由、平等）

史料二：

徐国栋译查士丁尼《法学阶梯》："一切人自始都是生来自由人。"

徐国栋《民法大全选译》：任何人不能仅因为思想而受惩罚。……判刑时必须始终考虑罪犯的年龄与涉世不深。

《万民法》：自由民在"法律面前人人平等"，依法享有国家全面保护的公权和私权。

罗马法学家西塞罗："人们将正直的行为认作善，将不正直的行为认作恶；只有疯子才会得出这样的结论，即这些判断是一个见仁见智的问题，而不是自然先定的问题。"

（3）根据史料三，概括罗马法主要调整了哪两种关系。（财产关系，商品经济关系）

史料三：

《十二铜表法》："用人为的方法变更自然水流，以致他人财产遭受损害时，受害人得诉诸赔偿""橡树的果实落于邻地时得入邻地拾取之"。

马克垚《世界文明史》：航海家和商人们活动……一直伴随着并且最终超越了罗马的扩张，商业繁荣自然而然地导致形成一系列体现着商品经济现实的法律关系。

（4）根据史料四，概括罗马法运行中的特点。（定案的证据性、判决的灵活性、诉讼的形式性）

史料四：

《万民法》：宁可漏网一千，不可枉屈一人。……提供证据的责任在陈述事实的一方，而非否认事实的一方。

科瓦洛夫《罗马史》：在成文诉讼中，案件的形式起着巨大的作用：在用语中最小的错误都会使全部诉讼失败。

马克垚《世界文明史》：行政官可以根据每一个个别案例的情况做出裁量，而不必僵硬地按照有关法律条文的字面含义进行判决。他的这种决定成为事实上的判例法。

（三）罗马法的作用和影响（任务驱动，学生自主学习为主）

（1）根据史料五、六指出，罗马法的局限性和在当时的积极作用。（局限：维护奴隶主贵族利益；范围有限。作用：规范了行政行为；调节了财产关系；缓和了社会矛盾；维护了帝国统治）

（2）结合近代西方民主政治历程，分析说明材料中罗马法的思想内容能够影响久远的原因。

史料五：

公元2世纪罗马皇帝哈德良讲话："皇帝的命令就是最高的法律。"

《查士丁尼民法大全》："妇女不得参与任何公务；因而她们不能担任法官，或行使地方官吏的职责，或提出诉讼，或为他人担保，或担任律师。""奴隶和隶农必须无条件地服从主人，服从'命运'的安排，对逃亡的奴隶和隶农必须严加惩治。"

史料六：

朱汉国主编《历史》：公元前449年，罗马颁布了《十二铜表法》，公开诉讼的程序、债务、家庭关系、财产继承、宗教以及犯罪和刑罚等方面规定。到公元前3世纪中叶，罗马产生的法律统称为公民法，内容侧重于国家事务和法律程序等方面。由共和国到帝国的过程中，罗马法广泛借鉴外邦法规，注重调解贸易及财产等经济和民事纠纷，以自然法观念指导，认为人人生而平等，都有资格享有某些基本权利，形成了适应帝国时期境内各族人民社会要求的万民法体系，逐步取代了公民法。在帝国时期，法律逐渐影响到国家和个人生活的各个领域，规范了行政行为，调节了大量商业纠纷和债务、继承等个人财产关系，较好地理顺了各种错综复杂的利益关系。罗马帝国灭亡后，对罗马法的研究在中世纪和文艺复兴时期两度掀起热潮。后来，罗马法又成为近代资产阶级法学的源头和近现代法律的先驱。

原因：①公开稳定（成文），突出法律程序建设，为法治实践提供良好的条件，为近现代法制发展提供经验；②内容丰富，以法治国，有法可依，为新社会制度建设提供可借鉴的法律规范；③保护物权，注重调解经济和民事纠纷，为发展资本主义提供法制保障；④法律面前人人平等，为新兴资产阶级反君主专权和宗教特权提供思想武器；⑤崇尚法治，公正至上，适合近代反对封建的需要，也是政治文明的追求。

（四）巩固训练

精选近几年本课的高考试题供学生线下巩固。

三、效果与反思

（一）精巧渗透核心素养

通过两个时间轴培养学生的时空观念：一是中外关联时间轴。将罗马与中国放在一起，呈现两国历史发展的线索，在中外历史的横向联系中，对比了解两国历史发展的基本特点。二是罗马法发展演变的时间轴。将罗马法的演变与罗马国家的扩张紧密地连在一起，揭示了罗马法演变中三个重要的发展变化。借助罗马法演变过程中相关概念的理解，帮助学生形成历史解释，如习惯法、成文法、公民法、万民法等。通过分析罗马社会政治、经济状况，从唯物史观角度了解罗马法发展的阶段性和连续性。通过相关史料，分析罗马法的阶级属性及时代特征，进一步加深对唯物史观的认识。通过阅读材料，提取罗马法的内容、特点及影响的相关信息，学习论从史出、史论结合、史由证来的史学方法，培养学生史料实证的意识。这样，核心素养与历史教学有机嵌入、自然融合、精巧渗透，没有刻意追求，也没有人为强加。

（二）精心设计教学主题

主题教学会吸引学生眼球，能整合相关内容，既巩固知识，又提高学生思维能力。本课最初想以"伟大属于罗马"及"荣耀归于罗马"作为主题，这两句话虽点出了古罗马的地位和影响，但没有突出法律，扣题不紧，因为这节课学习的不是古罗马，而是古罗马法。后来，想以"永久征服世界"作为主题。有人说过，古罗马曾三次征服世界，第一次是武力、第二次是宗教、第三次是法律。但武力和宗教的征服是不能长久的，只有法律的征服才会长久。这个主题逻辑上没有问题。但与今天的核心价值不符，今天提倡人类命运共同体，不能用"征服"二字。最后，我用"鲜活的法律，永久的生命"作为主题。这个主题强调了罗马法的历史地位和影响力，紧扣课文内容，不需更多的文字解释。同时，文字精准、表述准确、扣人心弦、令人过目不忘。

（三）精准确定复习目标

课程标准要求了解罗马法的主要内容及其在维系罗马帝国统治中的作用，理解法律在人类社会生活中的价值，即"内容""作用""价值"，语句简短、精练，但内涵非常丰富。结合历年高考的情况，我对课程标准进行了细化，也进行了拓宽和挖深，确立了五项复习目标。五项目标紧紧围绕课标的六个字展开。"内容"体现在前四项，虽然保护私有财产这个核心内容一直没变，但随着罗马帝国的扩张，其具体内容及适应范围也在相应调整和完善。"作用"主要体现在第一、二、四项，在帝国的扩张中，罗马法调整与缓和着不断出现的新问题和新矛盾，从而维系着庞大帝国的统治。"价值"主要体现在第五项中，要求从文明的传承和发展的角度，长时段地看待法律在人类社会中的价值，这有助于学生真正理解罗马法的长久生命力和影响力，也与本课的教学主题吻合。

（四）精确瞄准高考靶心

备课时，我研究了近6年全国各套高考文综卷对罗马法的考查情况，共涉题27道。考查的角度主要是罗马法的形式、演变原因、内容、特征及影响，尤其是影响，考查的次数最多。这样，这节课的教学重点就非常清晰了，学生学习和复习的方向也就极为明确。教学中内容的拓展、隐性的挖掘、问题的设计、史料的选择、语言的组织都紧紧地围绕这些角度展开。教学过程中，始终以问题为核心，所有的教学内容全部以问题的形式呈现。这些问题，有的需要学生结合教材、阅读史料回答，有的需要学生自主思考、纵横联系回答，也有的需要学生发现问题后结合相关内容回答。

（五）精致安排学习方式

教学实施中，采用了三种学习方式："身入虎穴"的方式，即通过联系和比较，在纷繁复杂的场景中，关注事件的独特性，主要表现在罗马法核心内容及罗马法的思想内容能够影响久远的原因分析上。"抽刀断水"的方式，即关注局部与整体，在纵向发展的长河中，注重历史的横切面，主要体现在罗马法发展的阶段特征上。"史学阅读"的方式，即联系史料与结论，在精选史料的润泽中，提升学生的感悟力，以引领学生阅读史料，给他们以史学研究方法的熏陶，为其终身发展服务。

高考复习要精确瞄准高考靶心，有的放矢。因为高考试题本身就包含必备知识、关键能力、学科素养、核心价值。

不瞄准高考的复习都是"害人虫"①

——历史一轮复习的感想

一、课前准备：务必关注高考——抓纲、理标、析题

（一）纲：考试大纲及考试说明

"以大纲为准，以教材为本"，这是高考命题的基本原则。考试大纲是复习的指南针，认真学习考纲，做到有的放矢，可以事半功倍。

1. 关注：注重其要求和变化

对考试大纲的研究要注意三个方面：能力要求、知识范围、题型示例。高考历史学科的考核目标与要求主要分为四个方面十二大能力，这是高考能力立意的依据，也是高考复习和练习的主要方向。我们应按照大纲的能力要求和题型示例，设计能力训练题，进行练习与评讲的结合，使学生准确理解能力要求的实质和水平层次，提高应试能力。

年年关注，就能看到变化，而这种变化是命题的重要方向；高三关注，只能看到结果，而固定的结果不知道孰轻孰重。

---

① 本文根据作者2019年1月在番禺区高三历史教研会上的发言材料整理。

2017年考纲有两个大的变化：一是历史学科能力要求有了变动，表现在语句更加精练、表述更为准确；体现了历史学科核心素养的要求；突出强调问题意识，增加了"发现问题"条目。二是选修教材删去了不少与必修教材重复的内容，极大地减轻了学生的负担，保证了学生对必修教材的学习时间。但删去的知识，并不意味着不是考试内容，仍需注意知识点的内涵与外延。

2. 渗透：教学中渗透新要求

找到了变化就要对教学进行相应的调整。高三复习年年有，但年年不一样，需要创新、需要与时俱进。

2017年，考纲增加了"发现问题"的能力要求。发现问题是历史学科的重要特点，也是历史学科能力的最高体现，更是对中学历史课堂教学的更高要求。为了适应这一变化，教师在复习中应增强问题意识，创设问题式课堂。问题式课堂要充分挖掘学生的潜能，实现师生互动，即既要注意教师、学生的双向活动，又要弱化教师活动、强化学生活动，这样的教学过程也是张扬个性、教学相长、共同提高的过程。开展问题式课堂，教师要做充分的准备，要预见到可能会出现的问题，要有较强的驾驭课堂能力。形式上，课堂气氛活跃，"狼烟四起"，好像显得较零乱，但必须始终围绕教学目标，贯穿教师创新意识与求实作风，精心策划、设计与操作，切不可抛下几个问题，不加以指导与指点，放任自流，让学生争争吵吵，无是非、无结果而散，留下认识上的空洞或缺陷。问题式课堂要体现创新思维，课堂上所涉及的教学问题应以培养学生思维观察力、发散思维能力和想象力为中心。

（二）标：课程标准

1. 精准分解课程标准

课程标准既是编写历史教材的重要依据，更是实施历史课堂教学的总抓手和指导思想。课程标准只是教学的"纲"，在实施中必须对其准确理解，深刻把握，逐一分解细化，这样才能真正达到指导教学的目的，才能"纲举目张"。

（1）从课标的文字表述入手，不增不减。

课标的文字表述是十分严谨的，它真实地展现了教学内容和具体要求，因而在实施课堂教学时必须紧紧抓住课标的文字表述，充分领悟、感知其中的内涵。遵循课标，不任意增加内容，也不随意减缩内容。可在现实中，会有不少教师，只按照教材内容组织教学，认为完成教材的基本内容就万事大吉了，完全不顾课程标准。例如，人教版必修二"资本主义世界市场的形成与发展"这一单元，涉及四件大事：新航路的开辟、早期殖民扩张、两次工业革命。课标均要求掌握这四件事的历史意义，但都要求放在资本主义世界市场这个大背景下考查，理解它们在世界市场形成与发展过程中处于什么地位、如何促进世界市场的形成与发展等。所以课堂教学中，在分析这些事件的影响时，应该紧扣这一点，不要随意拓展，如有的教师会涉及新航路的开辟与地理学的关系，工业革命与婚姻、家庭、服饰、生态、思想观念的关系，第二次工业革命与帝国主义的关系，等等。

（2）从单元的整体要求入手，不乱不换。

课程标准中每一个单元都会有一个总体规划与安排，为了充分体现历史知识的全面性、多样性、情感性等，会对单元内不同知识做出不同的要求。只有紧紧抓住这些不同要求，才能真正达到历史课程教学的目的。可是在实际操作中，会有教师不顾课标，胡乱地处理教材，随意地调换教学要求。这样的教学只能是低效甚至是无效的。例如，人教版必修二"中国近现代社会生活的变迁"单元的基本要求是：①了解近代以来人们物质生活和社会习俗变化的史实，探讨影响其变化的因素。②了解中国近代以来交通、通信工具的进步，认识其对人们社会生活的影响。③以我国近现代报刊、影视和互联网的逐渐普及为例，说明大众传播媒体的发展给人们生活方式带来的巨大变化。这个单元包括衣、食、住、俗、行、讯、媒七个方面，每个方面的基本史实是第一位的，必须掌握。但在学科能力方面的要求却有不同的安排，衣、食、住、俗要求掌握影响其变化的因素，而行、讯则要求掌握其影响，媒则要求掌握其给人们生活方式带来的变化。因而，实在没必要在课堂上过多涉及衣、食、住、俗的变化所带来的影响以及行、讯、媒变化的原因等。

（3）从模块的宏观要求入手，不离不弃。

课标规定高中历史必修分三个学习模块、四个学习主题（政治、经济、思想文化和科学技术）共计二十五项学习内容。通过历史必修课学习，学生学会从不同角度认识历史发展中全局与局部、历史与现实、中国与世界的内在联系；培养学生从不同视角发现、分析和解决问题的能力，使学生提高人文素养，形成正确的世界观、人生观和价值观。

为了实现这一目标，每个模块都有一个总体的学习要求列在模块学习要点的后面，它既能高度概括模块所体现的全部内容，也是模块内容学习的总体要求。因而，在解读课标内容时千万不可忽略了这些要求。例如，必修一模块的宏观要求是：通过学习，了解人类历史上重要政治制度、政治事件及其代表人物等基本史实，正确认识历史上的阶级、阶级关系和阶级斗争，认识人类社会发展的基本规律；学习收集历史上政治活动方面的资料，并能进行初步的归纳与分析；学会从历史的角度来看待不同政治制度的产生、发展及其历史影响，理解政治变革是社会历史发展多种因素共同作用的结果，并能对其进行科学的评价与解释；理解从专制到民主、从人治到法治是人类社会一个漫长而艰难的历史过程，树立为社会主义政治文明建设而奋斗的人生理想。这些文字既对本模块的学习内容做出了具体要求，更为三维目标的落实提供了宏观上的建议。具体来说，它有以下五个要求：一是教学内容上，关注历史概念，包括重要的政治制度、政治事件、政治变革等，准确把握其内涵与外延，如产生、发展、影响、趋势等。二是教学方法上，强调情境教学，收集有关政治活动的资料并进行归纳和分析。三是知识框架上，建构知识体系，形成政治演变的整体线索，感受人类从专制到民主、从人治到法治的历程。四是考察视角上，注重立体考察，全方位、大视野、宽联系、多维度地进行历史分析，形成科学的评价与解释。五是情感教育上，切实感悟历史，架设联结历史与现实的桥梁，帮助学生增强历史的敏睿性和政治的敏感性，从而提高人文素养，让学生得到全面而有个性的发展。对于这些要求，我们要不离不弃。

2. 准确确立教学主题

主题是课堂教学的灵魂，是教师构思课堂教学设计的基本依据和根本意图，是教学目标最主要的体现。一堂课没有主题，那就是一盘散沙。缺乏主题的课堂充其量只是若干知识的简单罗列，缺乏深度、缺乏思想。因而，每节课都应有一个主题，这是历史教学的需要。主题的确立可以考虑以下几个角度。

（1）从课文内容中确立主题。

教材编写者把一定的知识放在一起，这些知识往往有天然的"亲近感"，所以教师在备课时要充分抓住这些知识，把握其本质特征，从中归纳和提炼出主题。例如，人教版必修一第19课"辛亥革命"第一目"武昌起义"。这一内容占全课内容的2/3，无疑是这节课的核心所在。教材不遗余力地介绍了清末新政和预备立宪、新式学堂的创办和留学教育的发展、资产阶级革命团体和政党的建立、黄花岗起义和保路运动等，而真正的武昌起义的叙述却不足80个字。可见教材编写者并未把重点放在武昌起义上，其重点在于揭示自1894年以来一系列重大事件与武昌起义之间的内在联系。基于此，可以把这一部分的主题确立为"武昌首义：有心花还是无心柳"。

（2）从知识的逻辑关系中确立主题。

历史知识并不是孤立的，彼此之间存在着一定的联系。历史学习就是要找出它们之间的这种逻辑关系，并利用这种逻辑关系设计出一个主题下的"一连串主题"，这样能让学生很好地建立起历史的纵横联系，形成历史的全貌。例如，近代前期旧民主主义革命时期，时间不长，但事件繁多、知识庞杂、内容重要，学生学起来感觉难度较大。这个时期的历史主题从不同的角度出发，可以有很多的说法，如半殖民地半封建社会的形成与深化，中国近代化的孕育、启动和发展，民主革命的兴起与高潮，等等。这些主题都是可行的，都能够揭示出历史的发展趋势。陕西西安中学的郭富斌老师在今年陕西师范大学的国培课程"历史教学主题设计的难题与破题"中，把这段历史的主题确立为"走向共和：世界政治潮流中中国近代政治的艰难转型"。[①]这个主题本身也是一个老话题，并没有多少新意。出彩之处在于他把这段时间内的一系列大事都放在这个主题下，设计出了一连串的以"梦"为话题的小主题。例如，鸦片战争——天朝梦的破灭，太平天国——天国梦的破灭，甲午战争——帝国梦的破灭，八国联军战争——古国梦的破灭，辛亥革命——王朝梦的终结，五四运动——民主梦的觉醒。这个设计非常新颖，从近代一系列历史事件的内在联系入手，步步推进，还原了历史的真实，既给人以强烈的历史厚重感，又在一定程度上契合今天的中国梦。

（3）从时政热点中确立主题。

英国学者卡尔说过："历史是过去和现实永无休止的对话。"[②]历史教育的目的不仅是让学生获得过去的知识，还要服务于现实和社会发展的需要。"用历史照亮现实"要求我们在历史教学中注重历史与现实的联系。这可以从两个方面入手：一是对历史问题的现实思考，二是对现实问题的历史反思。从现实出发，关注历史和现实的契合点，是确立历史教学主题的有效途径。例如，人教版必修一第8课"美国联邦政府的建立"，包括美国独立后面临的严峻形势、1787年宪法的颁布、两党制的形成与发展。主要内容是美国独立后国家政权的建设，涉及中央与

---

① 郭富斌："历史教学主题设计的难题与破题"，陕西师范大学国培课程，2014年10月。

② ［英］E. H. 卡尔：《历史是什么？》，陈恒，译，北京：商务印书馆2007年版。

地方、大州与小州、北方与南方、民主党与共和党的矛盾，最终确立的是联邦制、三权分立的总统共和制和两党制。这"从一个侧面说明权力是被关进了笼子里的。美国宪法是西方文明的结晶，起草宪法的那些精英们都熟知古希腊罗马的政治经验和教训，都熟悉洛克、孟德斯鸠等人的启蒙思想"①。因而本课的主题可以确定为"把权力关进制度的笼子"。这个主题既反映了当年美国宪法的精神内涵和联邦政府的制度构想，也很符合今天中国大力反腐、设立宪法日、加强法制建设的现状，而且朗朗上口，学生容易理解。这样如果实现了教学内容与现实的有效结合，教学就不再是低层次的知识重复和枯燥的理论说教，课堂教学也就上了一个层次，达到一个新境界。

（4）从学术研究成果中确立主题。

学术研究始终走在教科书的前面，因为某些因素的影响，教材中的一些叙述明显滞后，留给我们的还是几十年前的陈旧观点。这就需要教师引入一些学术成果，还学生一个真实的历史，这才是实事求是。所以在确立教学主题时，有时也需要从学术前沿出发，寻求一些不一样的东西。例如，人教版必修一第25课"两极世界的形成"，包括三个部分"从盟友到对手""美苏冷战""冷战阴影下的国际关系"。主要叙述了"二战"结束后美苏两国怎样一步一步走向对立的，在对抗中又是如何针锋相对的，两个大国的关系又是如何影响到世界形势的。整个课文的字里行间充斥着矛盾、对立、斗争等字眼，反映了当时国际关系领域的动荡和严峻。教材的叙述，更多地将这个责任推给美国，如"苏联成为美国称霸世界的最大障碍""美国对社会主义国家进行军事包围，在具有战略意义的地区不惜以武力相威胁"等。实际上，这是不客观的。"冷战不是美国一方挑起来的，苏联的扩张也是诱发原因。冷战的起因

---

① 任世江：《高中历史必修课程专题解析》，北京：光明日报出版社2013年版。

是这节课的关键点。是双方都有责任，还是美国称霸所致？历史老师应该直面史实，不能教材怎么写就怎么教。"[1]在1945年2月的雅尔塔会议上，苏美英三国共同承诺，帮助东欧国家"通过自由选举成立关心人民意愿的政府"，但战争后期斯大林出于国家安全的考虑，将自己的制度强加给东欧。1946年2月，斯大林在演讲中公开表示现代资本主义是世界大战的根源，号召人民准备新的战争。这个演讲显然是不明智的，也是不合时宜的，在西方世界引起了强烈反响，被称为"第三次世界大战的宣言书"，对铁幕学说和遏制理论的提出产生了直接影响。基于此，可以把本课的主题确立为："要交流不要交战，要和解不要误解，要对话不要对抗，要彼此信任不要相互猜疑"。这个主题既巧妙地化解了冷战的起因问题，也归纳了冷战对立中的经验与教训，有较高的学习要求和深刻的思想内涵，不仅实现了主要教学目标，也提升了教学境界。

3. 查阅不同版本教材

目前各地使用的历史教材有多个版本，各个版本在内容上虽大同小异，但具体表述上差异很大，而高考却没有兼顾各个版本的区别，全国一张卷。所以，在复习备考时就要求以考纲为依据、以课标为要求，汲取各个版本教材的优点，力求做到全面、精准、有效。

例如，近代中国经济分两课：近代中国经济结构的变动、民族资本主义的曲折发展。讲完民族资本主义发展的历程，全单元就结束了，但课标的基本要求是：①简述鸦片战争后中国经济结构的变动和近代民族工业兴起的史实，认识近代中国资本主义产生的历史背景。②了解民国时期民族工业曲折发展的主要史实，探讨影响中国资本主义发展的主要因素。③探讨在半殖民地半封建社会条件下，资本主义在中国近代历

---

① 任世江：《高中历史必修课程专题解析》，北京：光明日报出版社2013年版。

史发展进程中的地位和作用。对于地位和作用，人教版教材几乎没有任何描述。人民版教材却有单独一课，包括两个内容"在夹缝中求生存""在斗争中求发展"。岳麓版教材有一目"三座大山重压下的民族资本"。因而，在课堂教学中必须相应阅读各个版本的教材，从而有效地补充和完善相关知识。因此，教师不应盲目崇拜教科书，而应批判地看待教科书，根据课程实施、教学目标的要求和学生的特点，灵活处理教科书，将教科书当作课程实施的一个工具，真正做到用教科书教，而不是教教科书。[①]

（三）题：高考试题

1. 找出每课的考题并亲自动手做题

有的放矢，是复习的重要原则。应从高考试题的落点来分析考情，从而决定复习的方向和重点。高考试题一般要关注3~5年（见表1），把这些试题都找出来，教师亲自动手做一做，不要看答案。只有亲自动手做题，才能有"题感"，才能真实地感受高考试题的"高明"之处。

例如，必修一第4课"明清君主专制的加强"，2012—2016年全国各套新课程试卷涉及的题目共有选择题17道、非选择题8道。

表1　近5年全国各套新课程试卷涉及的题目分析

年份	2016	2015	2014	2013	2012	合计
选择题	1	1	5	6	4	17
非选择题	0	2	5	1	0	8

这些题中不乏难度较大的题，教师在做题的过程中，就能感觉到，也能真实地感受到难在何处。

2. 写出多向细目表并整理考点考向

找出课题考查的试题后，对这些试题进行分析，主要是写出多向

---

① 陈志刚：《课程实施层面解读历史课程标准应注意的问题》，《历史教学：上半年》2012年第7期，第46—51页。

细目表，即每个考题考查的基础知识、能力要求、命题特色、试题难度等。在做这些细目表的过程中，教师就可以对试题再次审视，并可以理解命题者的命题意图、指导思想等。编写多向细目表，本身就是一个创造性的劳动，难度较大，但做多了，就能得心应手。

表2是我做过的一个多向细目表，仅供参考。

表2　多向细目表

题号	考查知识点	试题难度	命题特色	考查能力要求
12	汉代儒学	中等	情境导入	客观叙述历史事物
13	宋明理学	偏难	表格和组合相结合	认识历史事物的本质和规律
14	明朝君主专制的强化	中等	学术观点导入	理解历史事实，分析历史结论
15	晚清政治经济变革	偏难	新材料，新情境	提取信息
16	新文化运动	偏难	热点材料导入	说明和证明历史现象与历史观点
17	新民主主义革命进程	中等	新材料，观点辨析	提取信息
18	土地改革	中等	情境导入，图片解读	理解历史事实，分析历史结论
19	社会主义建设	中等	情境导入，漫画解读	历史解释
20	早期殖民地扩张	中等	新材料，新情境	准确描述和解释历史事物的特征
21	人文主义	中等	概念对比导入	辨别历史事物
22	资产阶级代议制	中等	新材料，新情境	历史解释
23	多极化趋势	中等	表格、图片和新材料相结合	提取信息

题号	考查知识点	试题难度	命题特色	考查能力要求
38	北宋政治经济、启蒙思想、新中国政治经济等	偏难	热点切入，情境导入	认识历史事物的本质和规律，并做出正确阐释；独立地对历史问题和历史观点提出不同看法
39	13—19世纪中外历史对比考查	偏难	宏观考查，整体把握，情境导入	运用判断、比较、归纳的方法论证历史问题；使用批判、借鉴、引用的方式评论历史观点

3. 做出课时考情表以决定教学侧重

在对考题进行分析的基础上，对课时内主要知识点的考查次数、考查角度、考查方式、考查要求等做一个系统的总结，为确定复习的侧重点提供依据。

例如，明清君主专制的加强一课知识点的考情表（见表3）如下。

表3 明清君主专制的加强一课知识点的考情表

知识点	考查次数	题型	考查角度	说明
明清内阁	11	选择题非选择题	属性、职能、地位、本质、演变过程、影响	全部17道选择题只考了这四个知识点
清代军机处	8	选择题非选择题	属性、职能、演变、成员的来源、影响	
明代法制	2	选择题	重刑的目的、礼乐与时政结合	
明地方行政机构	1	选择题	明代巡抚的出现	
其他知识点	建筑与政治、制度创新与王朝兴衰、政治黑暗			

这样，整个课程的重点一目了然，内阁和军机处的重要性不言而喻。对内阁和军机处这两个知识点的处理也非常明了，必须深挖、拓展、延伸，尽可能全面、系统。

二、课堂教学：一个都不能少——深挖、拓宽、广联

一轮复习力求全覆盖、大包围、多层次、宽领域，全景扫描，宏观建构，拉网式扫荡，地毯式轰炸，一个都不能放过。当然，根据考情、考纲的要求，适当有所侧重是必要的，强者强、弱者弱。具体来说，一轮复习的过程要注意以下三个方面。

（一）深挖

"深挖"是指对单个历史事件、历史知识进行深入把握。教材由于篇幅的局限，对很多知识只是蜻蜓点水，浅尝辄止，学生读来，似懂非懂，意犹未尽。所以，教学中要纵向深入，对教材所述的历史事件、历史知识的来龙去脉、前因后果来一个"大盘查"。

例如，第一次工业革命，教材中就有不少这样的知识，教师有必要对学生进行说明。

（1）关于圈地运动：需要系统地整理圈地运动出现的原因、主要方式、演变过程、正反两方面的影响、欧洲其他国家的圈地运动、清初的"跑马圈地"等。可以通过提供大量史料，创设新情境，让学生感受。

（2）关于各部门间技术革新的互相促进：纺纱与织布是怎样互为推动的？纺织与动力、交通又是怎样互为推动的？

（3）关于工业革命的负面影响：噪声污染、环境污染、能源危机、贫富差距加剧、追求财富引发的亲情缺失等。

还有：飞梭为什么不是工业革命开始的标志；技术革新为什么首先出现于新兴工业部门——棉纺织行业，而不是出现于传统工业部门——毛纺织行业；工业革命期间主要发明人都是些什么人；等等。这些问题可以提出来，让学生思考，也可以直接做一些说明和解释。

（二）拓宽

"拓宽"是指对知识与知识之间的过渡性的事件要准确掌握。教材

在叙述时，很多的历史事件是单个的、孤立的，它们之间缺乏联系，甚至没有交集，教学中就要把这种联系找出来，适当地补充与教材有关的一些知识，从而形成一个顺畅的历史流程，帮助学生理解和延伸。例如，两次鸦片战争，为什么时隔十几年后，英国又要发动一场战争？人教版教材几乎没有做出说明。实际上，由于中国自然经济的顽强抵制，鸦片战争后英国的棉纺织品在中国的销售并不像他们所想象的那样顺畅，他们认为是开放的口岸太少，于是提出了修改条约的要求，这个要求被清政府拒绝了，这样第二场战争就不可避免了。又如，必修三第二课，从先秦儒学一下子过渡到汉代儒学，其间必须给学生补充秦代"焚书坑儒"和汉初"无为而治"等内容，否则，知识缺乏过渡，显得突兀，学生难以接受和理解。重在挖掘教材没有讲出来的隐性知识和与教材相关的知识。

（三）广联

"广联"是指建立起历史知识之间的广泛的联系，构建历史知识的网络体系，这本就是一轮复习的重要目标。这就要求在高三复习中善抓主干，简化知识、网化进程。"简化知识"是指将历史知识概要化、简要化，进行高度概括，突出原来教学中的面和线，以面、线适当带点，做到纲举目张，高屋建瓴。"网化进程"是指抓点理线，将历史发展进程线索化、网络化、要点化，做到点线清晰，从历史的整体出发，按历史发展的阶段串线。把单元纳入阶段发展，将课纳入阶段发展中的某一方面。知识网化后，能做到将知识准确定位，无论是主干还是枝节、抽象还是具体，都能精准定位于某一方面，再将每个知识点具体剖析（背景、过程、特点、影响）。通过知识定位，做到"点"清、"面"广、"线"通。只有这样，历史教学才能构成一个立体网络。

例如，古代中国的政治制度，下面的网络结构（见图1）非常全面地概括了全部教材知识。

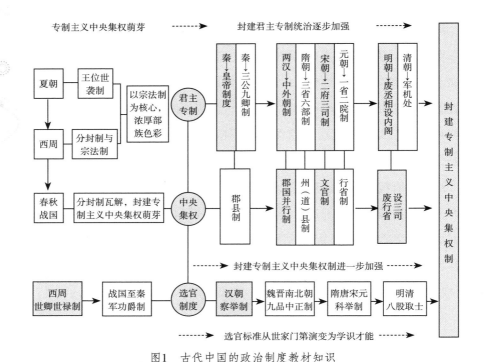

图1 古代中国的政治制度教材知识

三、课后落实：切实加强训练——量大、标高、查实

题型训练是复习备考的重要环节。复习过程中的训练是必需的，而且应该常态化。

（一）量大

"量大"指训练量必须要保证，没有"量"的积累，就没有"质"的飞跃。因而坚持适度的训练量、保持适度的训练时间是至关重要的。一方面，没有训练就难以有提高，一天两天不练手生，三天四天不练陌生。另一方面，历史老师减少学生作业负担，但最后的结果是学生慢慢就真的忘记历史了，他们就真的不学了。

当然，训练要讲求方法和技术。高效训练要注意以下三点。

1. 精选题目

选题应有三类：教材基本内容的重现或变通的题、培养历史思维能力的题、史学理论应用方面的题。一般应包括近3年的高考文科综合历史题、各地名校的高考模拟题、课本中的题。不做低效甚至无效的题。

2. 科学做题

做题不能仅仅停留于获取答案，要关注做题的过程：归纳答题方法、分析错因、总结规律和技巧。在训练中，要求学生做到：先易后难，试卷不要留白；审题时辨清题设要求，盯准关键词；非选择题的答案组织要"广积粮"，不宜"深挖洞"。

3. 重点讲评

讲评既要讲知识，更要讲方法。既可以分门别类地讲，也可以就题论题或借题发挥，达到由一题而多题的练习效果，训练学生答题规范化、知识系统化、思路规律化、知识能力化。

（二）标高

"标高"指训练的标准要高，起点要高。不要因为学生基础差就降低标准。全国高考一套题，所有学生一视同仁，所以不能降低标准。当然，不同的学生要求可以有所不同。具体来说，有以下几种方式。

（1）限时训练：时间至上，时间到了必须停止，做多少就是多少，不要因"求量"而"弃时"。

（2）题型训练：重在技巧、方法、规范的训练。任何忽略技巧、方法、规范而投机取巧的训练都属违规。阅卷时，重在评判技巧是否掌握、方法是否合理、规范是否到位，而不在审题是否准确、思路是否打开、要点是否齐全。

（3）套题训练：务必宽覆盖、多题型，向高考试题看齐。不能因学生知识的侧重、熟练程度不一而降低组卷的要求。

（三）查实

　　"查实"指所有的训练要检查、落实，切实做到"练到实处"。对学生不能放任自流，不能任其处理，任何人都是有惰性的，教师的"放松"会导致学生的"放纵"。当然，检查的方式可以多样：注目示意、翻阅浏览、问题收集、互查互评、阅卷评分、修订评讲、表扬与批评相结合、个体与群体互推动等。

2021年广东高考历史试题评析 [1]

间隔5年以后，广东高考历史学科再次自主命题。回望来路，今年的试题少了些个性，多了些沉稳；少了些机械，多了些灵动；少了些色彩，多了些大气。但视野开阔、思路清晰、大胆开拓的命题风格依旧。接过自主命题之棒的"首秀"，其功能定位、价值判断、命题动向、内容把握、思维考查等方面并没有出现明显的"隔膜"，很大程度上与全国卷"如出一辙"。

一、课标理念"稳健落地"

试题本着立德树人、服务选材、引导教学的理念，强化了时代特征和学科属性。试题特别注重学科核心素养的考查。例如，第1题西周青铜器直接考查时空观念、第16题美国与西欧对苏联及东欧国家贸易出口额考查史料实证、第19题历史课程目标体现了家国情怀等。第18题英国工业革命题是一道灵活考查学科素养的经典题。试题以工业革命的影响为切入点，这个点本身并无新意，但聚焦于工业革命对工人阶级的影

——————————
① 本文发表于《中学教学参考》2022年第1期。

响，引导学生重视民生、关注弱势群体，充满了浓烈的生活气势和人情味。材料提供了关于工业革命对工人阶级状况影响的两个代表性观点，要求学生对此做出分析和判断，并形成自己的看法，直接考查了对材料的理解、对历史的解释。学生的看法必须来源于历史的真实，不能"空穴来风"，这就要求学生紧紧抓住材料的信息，并得出结论，这有助于学生养成用史实说话的"实证"意识。第二小题要求"运用唯物史观简述英国工业革命的历史意义"，题目不难，学生也有话可说，但关键在于"运用唯物史观"。如何运用？怎么组织答案？这无疑是需要思考的。有同学可能会把唯物史观的基本原理"移花接木"，也有同学可能会无视这一要求"我行我素"。因而此题既直接考查了唯物史观，又考查了归纳、概括历史知识，揭示历史本质，阐述历史发展规律的学科能力。素养导向已成为高考命题的主要方向，各种学科素养综合考查成为常态，学科核心素养与关键能力紧密结合。

试题还特别强化了问题意识与问题解决意识。例如，第14题漫画题要求较高，学生首先必须读懂漫画，概括漫画的时代背景和体现的历史事件，再结合相关历史知识予以辨别，从而做出正确的判断。第19题历史课程目标题，要求学生根据试题要求，先提出问题，然后运用具体史实解决问题。

二、主题选择"应时而动"

历史知识浩如烟海，历史高考也从来不追求覆盖面，命题时必须有所取舍。实际上，近几年高考在命题主题的选择上有一些"惯例"，广东卷也承袭了。

全卷思想文化史的比重明显上升，占比近四成，这在以往是从来没有出现的。无独有偶，2021年全国乙卷思想文化史分值达到了罕见的41分，全卷占比达48.2%。这充分体现了传统文化在考试中的地位。青铜器、棉纺织业、儒家思想、中国画、戏剧等传统文化纷纷入题。中外历史考查比例为64：36，中国史占绝对优势，这是近几年重视考查国史的延续。

试题突出体现社会主义核心价值观的考查。命题者通过选取历史上的典型素材，引导学生坚持正确的政治方向。例如，第19题历史课程目标题，材料中明确提到了"激发……思想""培养……精神""养成……精神""唤醒……自觉""确立……信念"等。这些时代之要求与今天的核心价值观有相通之处。试题还注重考查党史、社会主义发展史。例如，第8题中共三大、第9题重庆谈判、第17题实事求是都涉及党史；第10题广交会、第15题苏联教育以及第18题工业革命都涉及社会主义发展史。

三、知识考查"个性鲜明"

广东卷的知识考查，不讲求"面面俱到"，但依旧是"星星点灯"，体现了考查知识完整性的命题思路。既注重单个知识的深度挖掘，更注重知识之间的整体联系，对知识的系统考查特征非常明显。

（1）从试题考查的知识点来看，传统的主干知识仍是重点，如王权与相权、儒家思想、小农经济、农村改革、工业革命、西方代议制、冷战等。有个重要现象务必引起注意，近年来涉及唐朝的试题不是考查其前期的繁荣，更多的是考查其中后期的安史之乱和藩镇割据。

（2）从试题间的逻辑关系来看，重视历史发展的整体趋势，抓住历史发展线索，这是试题的突出特点。题目相对独立，各自成题，"河水不犯井水"，但从整体上看，很多题目之间是有内在关联的。例如，古代中国的中央集权这条主线就在多个试题中"若隐若现"，包括第2题尚书令直接考查汉到魏晋时期中央集权制下的相权转移、第3题安史之乱考查中央与地方权力的消长、第4题元朝植棉的举动体现了中央集权的加强、第5题明代服饰体现了中央集权制度下的社会规范、第17题汉武帝广开献书之路体现了大一统王朝的需要，从而给学生呈现了专

第 三 篇　教 学 与 评 价

制主义中央集权制度整个的发展历程，对于这一考查现象要给予足够的重视。

（3）从考查的历史时期来看，主要落在历史鼎盛时期或重大变革时期。从表1可以看到，一些重要的历史时期在试题中多次被"关注"。例如，历史鼎盛时期包括奴隶社会的鼎盛时期（西周）、汉武盛世、传统农耕文明顶峰（明清）。还有一些重大的社会变革时期或社会转折时期也往往受到"重视"，如唐代中后期、清末民初、五四前后、过渡时期、帝国主义时代、20世纪上半期等。这些一直以来都是常考的关键节点，年年考、反复考。也有一些非常重要的历史时期，在全国卷时代是高考的"钉子户"，但今年却没有出现任何题目，如春秋战国、北宋、鸦片战争后、抗日战争时期等。

表1　2021年广东卷考查的历史时期简表

西周	东周	秦	西汉	魏晋	唐	宋	元	明	清
1			2		1		1	1	2
19C中	19C 60 70C	19C末 20C初	1919前后	国共内战	抗战时期	解放战争	20C 50S	20C 60 70S	20C 80 90S
	3	1	1		1	1			1
世界古代	15 16C	17 18C	19C中	19C末 20C初	20C上半年	20C 40 50S	20C 60-80S	20C 90S 以来	
1	1		1	1	2	1	1		

（4）特别注重主干知识的深度理解。

（广东卷·2）汉代设尚书台，其首领是尚书令、尚书仆射。魏晋时期，"事无大小，咸归令、仆"。这一现象说明（　　　）。

A. 皇权旁落

B. 相权转移

C. 地方权力削弱

D. 行政效率降低

本题直接考查的是汉魏以来中枢机构的变迁。涉及的知识内容包括：西汉武帝重用身边侍从、常侍组成中朝，将丞相的决策权转移到皇帝手中；东汉时期中朝演变为尚书台，成为正式的决策机构，进一步削弱相权；魏晋以来尚书的职责进一步提升，导致相权进一步削弱。从教材来看，这些知识并不是重点，甚至没有出现过。而命题者通过题干呈现的两个不同时期权重的变化，希望学生能够准确把握古代政治制度中君权与相权的较量，从而认识到中央集权的不断加强是历史发展的趋势。

（5）文化自信的考查力度加大。

与往年重视经济史部分的考查相比，2021年试题十分重视思想文化史的考查。广东卷思想文化史部分考查总分达35分，占全卷必做题总量的40%，这个考查力量是"前所未有"的。无独有偶，2021年全国乙卷思想文化史部分考查总分达到了41分，在必做题中占比达48.2%。这不是偶然的"巧合"，而是体现了"文化自信"的主题。

中外历史考查比例基本稳定为二比一，体现了对国史的重视。在中国史中，古代史与近现代史各占"半壁江山"，体现了对传统文化的重视；世界古代史"从未缺席"，体现了对人类优秀文明的重视。

四、题型探索"稳步缓进"

年年岁岁考相似，岁岁年年题不同。大稳定、小创新，是主流。但从一个较长时段来看，累积起来的变化和创新却也是"可观"的。与5年前广东自主命题相比，这种题型的创新是"显而易见"的。

选择题方面，基本稳定为两种题型：一是现象—本质类，提问词主要是：说明、反映（应）、表明、体现等，共有10题。二是原因—结果类，提问词主要是据（由）此可知（见）、目的、旨在等，共5题。提供新材料、创设新情境、设计新问题，是主要的命题趋势，"论从史出""史论结合"已成为唯一的考查方式，着力于考查学生对历史的理解。大部分题目都只是考查单一模块知识，可以说模块知识界限分明，跨模块综合并未成为主流。

非选择题方面，试题数量基本稳定为3题+1题。在知识选择上多侧重于中国史，大多为对历史产生积极的、进步的、正向影响的重大事件。考查角度主要是前因后果+历史评价。试题类型以小切口、深分析类题为主，过去常见的中外关联和古今贯通类题已不再是主流（见表2）。

表2　非选择题题型分析

题号	考点	考查角度	试题类型
17（1）	历代学者的实事求是	背景、原因	长时段、深分析
17（2）		原因、内涵	
18（1）	工业革命的影响	观点判断	小切口、深分析
18（2）		看法、意义	
19	民国历史课程标准	评析	小切口、深分析
20（1）	农产品流通体制改革	原因、内容	小切口、高概括
20（2）		评价	
21（1）	法国对北约的诉求	内容、原因	小切口、深分析
21（2）		影响	
22（1）	徐渭评价	社会条件	小切口、高概括
22（2）		贡献	

选修教材的考查成了"鸡肋"，食之无味，弃之可惜。全国卷过去一直是15分，三选一。但在2021年各省的自主命题中，分数减少了：广东卷为12分，湖南卷为10分。随着新课程高考的逐步推进，这种针对选修教材专门设计的"选做题"也将逐渐退出。

五、思维要求"一以贯之"

试题源于教材，又不拘泥于教材，部分试题与教材若即若离，或者貌合神离，实际上"形散神聚"。例如，第17题实事求是题，表面上看似乎与教材关联不大，但提供的材料却告诉学生实事求是根源于优秀的传统文化，并引导学生分析汉代河间献王、清代阮元、晚清梁启超3人对实事求是的践行和认识，这就使学生与历史有了紧密的联系。这种考查既关注了历史，也拓宽了认识，是一种很好的命题方式。试题还关注史学界重大研究成果。2020年是恩格斯200周年诞辰，为了更好地继承恩格斯的思想遗产，推进理论创新和实践发展，学术理论界围绕恩格斯的思想历程、革命实践、对马克思主义理论的重要贡献等展开了深入探讨。第18题引用了恩格斯《英国工人阶级状况》一文中的观点，比较客观地评价了工业革命的历史意义，既能深化学生对马克思主义的认识，也进一步挖掘了恩格斯经典著作的现实价值。试题以历史思维能力的考查作为命题的原则和方向，较好地体现了新课程理念。大部分题都依托学生已知史实和材料呈现的史实，要求进行深入分析，全方位、多角度地运用纵横联系、对比分析的方法。例如，第6题洋纱输入题，考查的是鸦片战争后列强对中国进行商品输出，导致中国自然经济逐渐走向解体。这是总体趋势，但材料呈现的是区域差异，这就要求学生综合考虑各地原有的经济状况、近代外贸发展的历程和地理位置等因素，既要进行历史的纵向分析，又要进行区域的横向比较，思维能力的考查很到位。

六、热点关注"旗帜鲜明"

高考从不回避热点，关注社会、关注现实，才能更好地彰显历史学科的价值。但以往的高考试卷并不刻意追求社会热点，对现实的关注也是"犹抱琵琶半遮面"。但今年的广东卷在这方面却一改传统做法，旗帜鲜明地关注热点，不少题目都不同程度地、"声东击西"地隐性介入社会现实问题。

重要讲话和重要文件精神直接入题。习近平总书记在2020年中国国际服务贸易交易会全球服务贸易峰会上致辞强调经济全球化是潮流，不可逆转，第6、10、16、18题都考查了这一内容。习近平在浦东开发开放30周年庆祝大会上的讲话强调要更深层次改革，更高水平开放。这一讲话精神在第20题农产品流通体制改革中有直接的体现。2021年，中央一号文件要求守住耕地红线、确保粮食安全，这在第4题元朝推广植棉和第20题农新产品题中有反映。

2020年十大学术热点中有五个热点在试题中均有体现：第18题涉及生态文明思想研究和马克思主义经典作家的理论贡献及当代价值，第4、20题涉及脱贫攻坚与乡村振兴，第5、17题涉及张载及理学思想研究，第16题涉及数字经济与发展新功能。

试题还关注了重大时政热点和周年事件。第4题是对新疆棉花事件的回应，第17题涉及中国共产党的精神谱系。涉及的周年事件有：苏联解体30周年（第15和16题）、毛泽东逝世45周年（第9题）、中国共产党成立100周年（第8和17题）、巴黎公社革命爆发150周年（第13题）、孙中山诞生155周年（第7题）、恩格斯诞生200周年（第18题）、徐渭诞生600周年（第22题）。

七、情境创设"诚心正意"

试卷的情境材料新颖、丰富，来源广泛，立意深远，集人文性、趣味性、科学性于一身。这些材料有四个显著特点：一是学科性。全卷所提供的情境材料有鲜明的学科特性。选择题的材料大多是命题者综合而成，根据需要进行了处理，但依旧保持着"历史味"。非选择题的材料基本来源于原文、原著、原件，几乎没做任何加工，"原汁原味"地呈现在学生面前。二是学术性。特别注重材料的权威性和说服力。不少材料直接取自历史学家的史学作品、领袖人物的经典著作。全卷直接标注的史料来源就有9部作品，包括刘昫等的《旧唐书》、司马光的《资治通鉴》《汉书》、克莱顿·罗伯茨等的《英国史》、武力主编的《中华人民共和国经济史》、皮埃尔·米盖尔的《法国史》、白寿彝主编的《中国通史》、梁启超的《论中国学术研究思想变迁之大势》、恩格斯的《英国工人阶级状况》。这些都是史家、名家的"正史"资料，这与早些年广东卷经常出现时人日记、族谱、家谱等"野史"资料形成鲜明的对比。三是情境性。力图还原历史，营造真实情境。以第17题为例，该题一开篇就说"实事求是"是中国共产党的思想路线，但实际上本题与中国共产党没有任何关系，而且中国共产党的实事求是与汉代以来儒生们提出的实事求是的含义也是不一样的，这种情境并不是为了干扰和影响学生，只是为了说明中国共产党的实事求根植于传统文化。材料情境还包括汉代河间献王、淮南王、阮元、梁启超等人的做法或认识，这些情境既还原了历史的真实，也引导学生透过历史得出自己的结论，考查了学生论从史出、史论结合的学科能力。四是适切性。所有材料均考虑了学生的认知水平，基本上没有阅读障碍。所提供的全部材料使用的都是通俗语言，均是高中学生能顺利阅读的，以往的那种晦涩难懂的"文言材料"和"欧化语言"难寻踪迹。

备考永远在路上，高考研究没有尽头。新课程高考的第一次自主命题所呈现的清新、稳健之风，必将对中学历史教学起到很好的导向作用。为"真实"的高考试题喝彩！

第三篇　教学与评价

从源头上消灭难点，在实践中突破难点

在复习和考试中难免会遇到大量的难点，这往往是我们最头疼的问题。所谓难点，就是指一些难以记忆、分辨和理解的历史事件、历史现象、历史概念或历史结论。实质上，难点不一定很难，难点也并不可怕。可以说，学习的过程就是攻"难"的过程，就是不断遭遇难点、不断化解难点，从而使知识不断丰富、完善的过程。如何突破难点、化难为易，每个人都有自己的方法。我认为最关键的就是从源头上想办法，在难点还未出现时消灭它、分化它。

一、全方位多角度掌握史实

一个知识点从不同的角度设问，回答的角度不同，答案也有所区别，但史实都是一个，所以对每一个历史知识都要做到全方位、多角度的掌握。

将知识系统化、体系化。在复习中要通过比较、组合、删减、抽象等思维过程，纵横联系，厘清知识线索，建立知识点的体系，形成一个前后贯通、全面系统的"竖成线、横成片"的知识专题，以便打通学科内部的联系，提高基础知识掌握的程度。例如，历史知识在横向结构上可分为：物质文明（人类社会在经济生活领域里的文明）、精神文明

（人类社会在思想领域里的演进）、政治文明（人类社会在政治生活领域里的文明）等。在纵向结构上：物质文明可分为农耕文明（包括新石器时代、青铜时代、铁器时代）、工业文明（包括手工工厂时期、蒸汽时代、电气时代、信息时代）。精神文明是指从迷信、愚昧到科学化、理性化，包括科技、思想学术、文学艺术、宗教等。政治文明是指从人治到法治，从专制到民主，包括政治制度、组织机构、法律和政治行为等。重构知识结构图可一目了然地展示知识要点，将零散的知识系统化，将分散的知识体系化。

形成知识的完整概念。对任何一个知识点都要做到前引、后延、深挖，形成一个完整的概念。一个历史事件一般包括：①名称及其含义。②背景，包括原因（主要、次要、根本、直接、间接、导火线）；条件（政治、经济、阶级、思想、时代）；目的（主观）。③经过：内容、历程、领导、特点等。④意义：性质、作用、影响、特点、经验、教训等。例如，关于分封制，必须掌握原因（疆域的扩大）、目的（巩固统治）、对象（三部分）、内容（权利与义务）、影响（积极与消极）、演变过程及原因等。只有对概念做到准确理解，才能提高记忆效率，才能在解题时灵活运用。

必须夯实基础。我们应该根据高中历史课程标准的教学要求，逐一落实每一课的每一个知识点，要注意这个知识点的相关内容，并按时间顺序，将同一时间段的政治、经济、文化史内容进行梳理。定期背记，读一写一记是一个完整的链条，所以在平时就要有计划地逐步背、记。例如，一星期背一章，或与教师的复习同步。不要到考前再背，那样很被动，记下来也很不牢固；也不要考什么背什么，那样很不系统。

二、勤反思多总结、适度拓展

在复习中，要坚持单元总结和过关训练的复习方法，使已经掌握的知识能及时得以强化、模糊的知识及时得以明确、遗漏的知识及时得以补充，如一课一练、一单元一小考、一月一测试等。每天进行适度的强化训练，做一定量的习题是非常必要的。一是可以检查测试对相关知识掌握的程度，及时查漏补缺。二是可以提高解题水平和解题技巧。当然，阶段的训练应当讲求科学的方法，训练题不求"多"而应求"精"，要紧密结合复习的内容精选习题，重视习题后的总结与反思，提高对知识点的"活化"应用，提高从多层次、多角度分析问题和解决问题的实际能力。反思的同时要及时总结，总结要落实到笔头上，因为看和写的感觉完全不同，而考试是写，不是看。尤其是第一轮复习，宁可多花些时间，也要把总结写全。

在复习和训练的时候，要做到适度拓展，透彻理解。适度拓展主要有三个方面：一是要了解一些常识性的知识，如2007年文综全国卷中的选择题第12题就考查了谥号、庙号、年号等，2008年的阴和阳等方位，2009年的姓氏来源，等等。还有地方卷中出现了京剧知识、干支纪年法等。二是要全面把握知识的各个要素，如现象与本质、必然与偶然、进步与局限等，既要看到显性的，更要注意隐性的；既要看到小环境，更要注意大背景。加强对背景、原因的认识，对内容、措施、作用的理解，对意义、本质的深刻认识等。三是要关注教材小字、图片、表格等对知识点进行补充、阐释的内容。只有适度拓展，才能让知识无遗漏。

每年高考考什么、出什么题、怎么考、会有多大的难度，我们谁都不能预料，但我们可以做到"有备无患"，以不动制动，以不变应万变，最大限度地掌握知识，消除死角，化难为易，这样就不愁得不到高分，因为成功总是垂青于有准备的人。

关于"馆校合作"的访谈

采访时间：2019年11月22日

采访地点：广东仲元中学科研处

采访对象：谭方亮老师

采访人：广州大学人文学院学生社团

Q1 请问，您是如何理解素质教育的？可以具体描述一下吗？您理想中，以素质教育为核心的实践性课堂是怎样的？与现在的课堂有什么区别？

我个人理解是，素质教育本身是一个很大的概念，传统观点认为素质教育跟应试教育是对立的，但实际上不完全是这样。素质教育更多是培养学生的创新思维和动手能力，不仅仅是死记硬背，也不仅仅是关注纯粹的知识，而是要把理论和实践相结合。以前的应试课堂多是教师的灌输，而素质教育的课堂，我认为应该是真正让学生动起来的。其中最主要的是要给学生更多的时间，把时间还给学生，把机会让给学生，还要引导他们进行思考。

怎么进一步形成这种素质教育的课堂？我觉得教师自己的思想观念转变是关键，要把主体地位让给学生，把机会让给学生。

Q2 请问，您认为学生现在历史学习中比较缺乏哪些方面的能力？博物馆作为社会教育的场所，能否弥补这方面的缺失？

我刚才讲到了，我认为发散性思维能力和批判性思维能力是目前最欠缺的两个方面。批判性思维能力刚才已经举了例子。发散性思维就这样说吧。你们也知道高考试题确实有难度，一些很重要的知识点，它跟前后左右的其他知识点是有关联性的。但学生的思维往往扩散不开、想不到，只是看到孤立的某个知识点，也就是对知识的理解和把握不透彻，所以形成了知识孤岛。不是群岛，是孤岛。岛与岛之间的关联他们找不到，这就需要一种扩散思维，即要了解知识中岛与岛之间内在的逻辑关系，知识点与知识点之间内在的逻辑关系。这种逻辑关系想清楚了，可能有助于学生更好地理解和知晓这些东西。如果他们找不到联系，他们得到的知识永远是孤立的。

我觉得博物馆在这个方面还是有一些优势的。目前博物馆跟学校合作这一块，在广州有些学校是做得比较好的，如广东实验中学，利用博物馆的资源，学校位置比较好，周围的馆藏资源比较多。

Q3 在您看来，"馆校合作"目前的发展情况是怎样的？

从整个社会来讲，馆校合作这方面，我觉得大家目前是比较谨慎的。为什么比较谨慎呢？一方面是现在学校现有的制度、办学方式，注定了学生是以课堂为主的。尽管现在也提倡"研习""研学"，要求走出去，以项目的方式来进行学习，但这还只是作为一个假期或者说作为一个周末的内容来推行的。而且在推行的过程中，我觉得包括博物馆在内，社会的各种教育资源好像都处在一个相对被动的地位，馆校合作是以学校为主体来推行的。当然，广州有一些博物馆主动给学校搞活动，但也受到了学生学习时间的限制，学生时间跟博物馆上班时间冲突。学生白天要上课，博物馆上班，等到学生放学后，博物馆也要下班了。这是时间上的问题。另一方面作为老师来讲也放不开，担心学生出去以后有很多不可控的因素，教学目标难达到，教学成绩难以保证，也担心学生学习时间受到影响。所以，我觉得馆校合作这方面推进力度还不是很大。

Q4　在您看来，馆校合作与具体学科教育之间存在哪些联系？馆校合作活动是否符合未来教育发展趋势？

广州市孙中山大元帅府纪念馆跟很多学校有过一些合作，这种馆校合作，我觉得是未来教育的一种趋势。因为博物馆等机构的资源，有其潜在的教育性。这种教育性可以拓宽学生视野、拓宽学生学习方式，也可以改变学生学习方式。因为未来教育的发展肯定是比较开放、比较全面的教育，不仅仅是课堂的教育。从这个角度来讲，我觉得馆校合作会是未来教育方式之一。

Q5　请问，您认为高中学生在高考压力之下是否有必要参与馆校合作活动？能说一下原因吗？

实际上在广州市内各个博物馆，每个周末都会看到不少孩子认认真真地在里面看，孩子们参观的意愿是很强烈的。学生群体中还是有相当一部分人真的很感兴趣，而且很多是自发的。每到一个地方，大家都想了解当地的文化，参观博物馆就是很好的途径与方式。现在不少学校把博物馆作为"研学"的一个重要目的地。但是学校统一组织此类活动，会受很多方面因素的限定，当然如果以项目式学习方式来进行，由学生自己选择，有强烈兴趣的人，就会很投入、很高兴，效果就会更好。

Q6　您理想的馆校合作活动应该怎样开展？比如，任务驱动型教学、情境式教学、新课程的四步走（情境创设、任务驱动、问题解决、反馈评价）教学法……

馆校合作到底怎么走？我觉得一个是动静结合，另一个是馆校互动。

动静结合是什么意思？博物馆的资源很有教育意义、很有教育价值，但是没有用起来，没有发挥它应有的作用，这是一种静态的资源。这种静态的资源只有跟学生动态的群体相结合，才能体现它的价值。至于怎么结合，要学校教师、博物馆方面静下心来真正地想一些办法。

馆校互动，传统的理解可能就是把学生拉到博物馆去，但实际上拉过去以后，关键是要给学生一个任务，用现在的话说，就是必须任务驱动，或者是进行一种项目式学习。学生来了，必须做一个项目，这个项目要做下来，可能不是一天两天、不是到博物馆来一次就可以解决问题的。到博物馆来看、了解，查阅相关资料，这只是其中的方式，学生还可以跟博物馆的相关馆藏人员一起完成这个任务。所以我觉得应该互动，而且博物馆也可以往学校走，进行馆藏资源的传播。今年上半年，我们跟孙中山大元帅府纪念馆一起到了贵州毕节，他们带去了很多展板，把资源送到了那边，让学生参观，让学生写观后感。在广州市，孙中山大元帅府纪念馆大家比较熟悉，但在其他城市大家可能不是很清楚。这就是双方互动的方式，不仅是某一方在动。

我认为最有效的方式应该是项目式学习。在项目式学习中，首先应该是博物馆提出相应的活动方案。博物馆可利用的资源有哪些？能用在哪些方面？可以做什么活动？方案拿出来以后向社会公布，向学校公布，然后交给学校，让有意愿的人参与。我知道广州有不少的博物馆做得比较好，如孙中山大元帅府纪念馆和西汉南越王博物馆就有一些活动。因为我们广州市的历史教研会有几次是把大家拉到博物馆去进行的，我在当中心组组长的时候跟他们有过沟通。这些知识对教师而言，更多的可能是开阔视野。但对学生来讲，更多地需要他们动手，让他们自己提炼出一个主题，选择一个问题，再寻找相应的资料来解决这个问题，最后形成相应的研究报告。这一点现在确确实实不是所有学校都能够做的，绝大多数学校是放不开的。特别是高中有高考的压力，现在的学生是没时间读书、没时间走进博物馆的。学生压力太大了。好不容易有个周末，学生最想做什么？睡觉。

Q7　您刚刚提到要博物馆制订活动方案，但博物馆比较难接触到学生，不太了解学生想要什么，也很难了解学生的群体特点，是否会有不便？

这需要博物馆多跟学校沟通和交流。我知道广州有好几个博物馆都是有这个方案的，如说针对学生的辩论赛，它们出了一个方案，因为孙中山大元帅府纪念馆做了很多面向学生的工作，建了联系群发布一些合作方案，哪个学校有意愿都可以加入。实际上，这就需要打破一种传统观念。原来所谓的博物馆、图书馆，心态是我就在这里等着你来，你来它在，你不来它也在。但是，现在从博物馆方面来讲，可能要以一种主动的姿态开放，开放更多一点，想办法吸引人家过来，想办法使自己的馆藏资源更好地发挥作用。希望博物馆通过一些对外方式，如公众号、网站等向学校、社会群体发布教育活动，因为有些活动不一定要学校参与，学生跟家长一起去也可以。一般有需要的情况下，学校也会主动去找博物馆的。

实际上现在还存在一个问题，所有学生外出活动都要层层审批，很麻烦。所以博物馆如果更主动一点，效果会更好一点。当然，博物馆走进学校也要花很多精力，还会受经费、交通、场地等方面的限制。但在尽可能的情况下，还是希望博物馆尽量走进学校。

Q8　如果博物馆和学校能够建立长期合作，您认为这些活动应怎样开展？以什么样的形式开展？

现在的"研学"是一种比较好的方式。这两年我在上海、北京等地学习的时候，觉得上海的"研学"在全国是做得比较好的。每年暑假，上海的学生基本都会出去，是老师们带着他们走，几乎全体学生都会参加各种不同的研学活动。在北京学习的时候，北京中学校长给我们介绍，每一年"研学"的主题都不一样，如有一年"研学"主题是寻根，中华民族的文化根，涉及政治、经济、思想、文化上很多不同的点，如殷墟、甲骨文，到哪里去找，然后就有相应的一些研究项目。包括上海、北京在内，各地的"研学"活动当中也有不少跟博物馆相关的，如通过陕西省博物馆了解汉中历史情况。所以，我觉得在这样一种"研学"活动中，博物馆可以更好地发挥作用。以后随着新高考制度的改革，"研学"将来会成为学生综合素质评价的一个重要指标。上海新高考2014年就开始了，整个上海，每个学生从小学一年级开始就有一张卡，那张卡能进入上海市所有的社会教育机构。现在这种教育资源的范畴在不断扩大，不止我们传统意义上的博物馆和图书馆，还扩大到了银行、企业、工厂、港口等。比如，今年暑假××银行可以提供100个"研学"岗位，就把信息传给教育部门。教育部门收集到全部信息后就发布给学校，学生网上选择，愿意到哪就申请去哪。学生可以组团，几个人一起来做项目。

芬兰也是一样。在《亲历芬兰教育——芬兰教育研修记录》一书中我也提到了，芬兰教育做得这么好，就是贯彻大教育观。所有的人都是教育者，所有的社会资源都可以为学校、为学生服务。芬兰的学校是没有围墙的，很多学校跟社区机构共用一栋大楼，共用相应的设施，运动场、图书馆、医院等。学校最好的一个课室是烹饪课室，这个课室下午4点以前给学生用，4点放学后，社区成员可以到学校来做饭，在学校吃，所以当地学校真正跟社区融合在一起，各种资源最大限度地整合在一起。

Q9　我们了解到老师您曾经去芬兰进行教育交流。请问芬兰的教育有哪些值得我们借鉴的地方？

芬兰的图书馆、博物馆有三个显著特征：一是多功能、全开放式。只要是正常上班的时间，所有人员都可以进博物馆和图书馆，所有馆藏图书都是开放的，里面还有很多的餐饮娱乐结合在一起。小孩来了以后，有游戏可以玩，家长可以在这里看书。看书累了，也有一些很好的设施来休息。二是走出去。他们的图书馆、博物馆会规定一周有几天的时间，以流动大巴的方式，把图书、资料等拉出去，拉到农村，拉到偏远社区，拉到资源相对比较缺乏的一些社区，停在路边打开，在那里可能一待就是一整天。三是图书馆的书籍在一个城市内是互通的。赫尔辛基只有60万人口，但有37座城市图书馆。这些图书馆之间的图书是可以互借的，可以异地还书；还有一种订单式的服务，一个电话、一个网络信息，读者需要什么书，这个图书馆没有，他们会想办法从其他图书馆调过来。我觉得这些，都是我们可以借鉴的。

应该说博物馆资源是有价值的，但当前还没有充分发挥其价值。现在馆校活动也还只是提倡阶段，并未完全形成趋势。但我相信，这是未来的一种方式、未来的一种教育趋势。因为这才是建立博物馆、图书馆的初心。

第四篇

不一样的教育

面向未来的芬兰基础教育课程体系[①]

芬兰教育改革从未停止。坦佩雷市政府负责经济文化发展的高级顾问彼克先生告诉我们，从20世纪60年代初期到80年代中期，芬兰进行了教育公平与质量改革，主要包括学校体系、课程体系、教师培训与教育等方面；80年代中期开始，新自由主义、教育放权、教育效益、市场化介入、国际化等陆续进入教育领域；进入21世纪以后，教育改革主要侧重于教育发展方向、培养目标及课程标准。为此，芬兰共进行了五轮课改，第三轮是1994年、第四轮是2004年、第五轮是2014年，基本上是每10年左右就修改一次国家核心课程标准。

新一轮课程改革始于2012年新课程大纲的制定，课程大纲的起草、编写、出台、实施、管理、评估、修改和完善等，都有一套比较完善和成熟的流程与模式，体现了芬兰教育的特色。

一、大纲编订的层次感和梯度性

2012年开始，芬兰启动了新课程大纲的制定。当时，在国家教育文

---

① 本文为作者2017年11—12月在芬兰学习期间写的日志。

化部的监督下，组织了300多人参与，其中相当一部分是中小学教师。

"把教师当专家是芬兰制定课程大纲的亮点"，坦佩雷应用科技大学教育培训专家内塔女士这样告诉我们。历时两年，到2014年，小学一至六年级的新课程大纲正式公布。在此基础上，各地又用两年时间相继制定本区域的地方课程大纲。2017年出台了七年级课程大纲，2018年和2019年出台八、九年级的课程大纲。整个义务教育阶段课程大纲的编订从2012年到2019年，历时9年，并且从低年级开始，按照教学规律和学生认知水平，逐步往上一级一级地制定。

芬兰国家课程大纲主要回答了"是什么"的问题，从宏观层面提出一些基本原则，颇具弹性，留有很大的空间，这就形成了国家课程体系。国家课程大纲又叫核心课程标准，它决定着国家教育发展的大政方针，保障了芬兰教育的逐步发展和完善。国家课程大纲被写进了教育法，属于法律的一部分，遵守课程大纲的观念演变为守法意识。各地根据国家课程大纲制定当地的课程大纲。各地政府会增加一些有地方特色的内容，充分挖掘和利用当地的资源，如语言、科技、人力、环境等。芬兰地方课程大纲主要回答了"怎么教"的问题，体现了国家课程大纲的细化、区域化，并填补了国家课程大纲的一些空缺，充分体现了地方的自主性和灵活性。地方课程大纲更多的是建议，并非法律，这就形成了地方特色课程。地方课程大纲很大程度上影响着各地教育发展和人才培养。在国家和地方课程大纲的基础上，各个学校制定自己的课程大纲。这个大纲更多的是从操作层面回答了"怎么实施"的问题，他们要根据学校的师资力量、学生状况、教学现状、社区资源、区域特征等制订出具体可行的操作方案。学校的课程体系中增加了大量的跨学科课程、综合实践课程，注重培养学生运用综合知识解决问题的能力和动手的实践操作能力。最为重要的变化是，各校会增加很多的户外活动课程，各地不一。学校课程大纲体现了学校的办学思想和办学愿景，这就形成了学校特色课程，影响到学校的持续发展和声誉。

这样，从上到下，三级课程大纲演绎为三级课程体系，它们之间是包含、补充、拓展和完善的关系，构成了一个非常庞大的课程系统。国家规定基本课程，地方政府和学校对于课程设置、课时安排等具有一定的决定权，教师拥有教材选择权，学生也可选修其他科目。这样，国家规划核心课程，并赋权地方、赋权学校、赋权教师、赋权学生。

二、课程设置的融合性和人文性

"不能用昨天的办法解决明天的问题"，这是芬兰制定课程大纲的基本理念。他们认为，随着经济社会的发展，人们的认知能力、知识水平、应对方式也会相应发生变化，今天的孩子与昨天的孩子已不是一回事，所以必须适时进行教育改革。为此，芬兰在对整个社会产业发展状况、演变趋势、人才结构进行广泛调研的基础上，形成了"面向21世纪的技能"。例如，批判性思考并做鉴定，解决复杂与多学科的开放性问题，创新与创业思维，交流与合作，创新性地使用知识、资讯和机会，监理财务、健康和市民的责任等。这些技能体现了思维的批判性与创新性、视野的开放性与兼容性、技能的多样性与复杂性、工作的自主性与合作性等，涵盖了未来社会发展对人才的各种需求。而这也成为芬兰课程大纲制定的基本依据和人才培养的主要目标。

基于此，芬兰的课程设置体现了跨学科、全融合、无边界的特征，力求打破学科之间的界限，加强学科之间的整合交融，培养学生的横贯能力和动手的实践技能，将学生引入更宽广的教育领域，以适应未来社会需要。

从课程设计来看，义务教育阶段，芬兰学校开设的课程总数是222门。这些课程中语言类课程被摆在首要位置。首先是国家核心课程标准规定学生要学习的语言超过8种，每个孩子至少要学习除母语（芬兰语和瑞典语）外的2种外语。其次是技能类课程，如家政、木工、烹饪、绘画、美术、音乐等，让孩子在"做"中学会幸福生活的种种实践知识。最后是人文类课程，如文学、历史、社会学、公民教育、伦理与道德、社会与健康等。而自然科学方面的课程，如数学、物理、化学、生物等，也会开设，但课时并不多。义务教育阶段，几乎没有信息、电脑等课程，学校甚至没有信息技术课室，但几乎所有教师、学生的信息运用能力都很高，而且与各学科深度融合。小学低年级学生就学习了编程基础，从小学高年级开始，编程就融入了学科教学之中。在赫尔辛基埃斯波国际学校的一节小学五年级历史课中，学生分组通过编程的方式完成历史作业。

很显然，重视人文课程是希望帮助孩子形成正确的人生观、价值观，重视技能类课程是希望孩子能够成长为具有社会适应力的国民，并为其可持续发展铺平道路。

下面是坦佩雷海文塔学校一个8岁才从中国到芬兰的初一学生给我们提供的他当周的课程表（见图1）。每周的课程都会有一点变化，每个人的课程也会有所不同。因为他芬兰语基础差，所以学校特别为他安排了较多的芬兰语课程。其他孩子芬兰语课程少，相应地会增加另外一些课程。这个课程表充分体现了芬兰课程设置的上述特点。

周一：3节手工、1节芬兰语、1节历史、2节音乐
周二：1节数学、3节家政、1节宗教、2节画画
周三：1节英语、1节芬兰语、1节数学、1节化学、2节运动
周四：1节芬兰语、1节数学、1节瑞典语、1节英语
周五：1节芬兰语、2节生物、1节社会与健康、1节历史

图1　芬兰初一学生的课表

从教学实践来看，中小学校的教学课程更加强调不同学科间的交叉和互动，倡导跨学科学习，主题式的现象教学受到推崇。所谓"现象教学"，就是学校提供几个与社会生活密切相关的社会现象，由学生透过这些现象确定主题，团队集体"做研究"，涉及研究内容、研究方法、

涉及学科、组织与评价等。一个社会现象往往涉及多个学科，涵盖的知识丰富，需要学生多角度思考、大范围协调、全方位解决问题。现象教学有助于打破学科间的界限，突破单一学科教学的单线思维的束缚。现象教学往往把学生"打包"在一起，大家必须"抱团"集体行动，这有助于团队行动和合作学习。现象教学的过程以问题驱动，多学科协同，学生人人都是主人，因此能有效地激发内驱力，极大地提高学生的积极性。这个过程既能较好地培养学生动脑的"软"技能，也能培养学生动手的"硬"技能。

教育是关乎未来的，而孩子才是未来。芬兰的课程设置就是为未来培养人才的。

三、课堂实施的信任感和自主性

学校的课程实施由校长"全权"负责。每学年初校长要制订学校的教育计划，内容包括学校发展愿景、课程设置、课室安排、教师安排、课表编制、公用场室的分配、教育资源的利用、校外活动的开展和具体的实施策略等。在学校的教育计划框架内，每位教师都会有个人的年度发展规划，这个规划是学校教育计划的重要组成部分。

教师个人发展规划的制定步骤有以下几个：一是教师自我评估。教师根据自己的情况，在国家核心课程标准、地方课程大纲和学校教育计划的基础上，独自或团队合作形成基本的思路和方案。二是校长谈话。一般在每学年的开学阶段，8月底9月初，校长会跟全校所有教师"一对一"谈话。谈话是在非常平等、友好的氛围中进行的。校长并不关心教师过去工作的好坏、成绩的优劣，即使犯错，也不会被重新提起。校长更多的是听取教师对未来一年的教育愿景、教育计划、教育需求等。当教师的需求符合学校教育计划时，校长会给予支持，会承诺在适当的时候安排一些专门培训。如果教师的需求超越了学校的教育计划，校长会否决，建议教师修改或将其作为自己的业余工作。三是确立与实施。校长谈话后，教师修改、完善自己的发展规划，然后递交给校长，校长会把全部教师的个人发展规划列入学校教育计划之中并向社会公布。任何时候，家长或社区成员需要查阅时，校长都会提供。在个人发展规划制定以后，教师就会按照这个规划从事自己的教育工作。教师个人发展规划，是达成学校愿景的重要途径，是教师对学校教育所做的承诺，是校长与教师互信的产物，也是教师个人专业成长、永不落伍的根本保证。

新课程大纲给予了教师更大的自由，只要遵循三级课程大纲，教师可以选择教材或者自编教材，可以自己安排教学内容、教学方式、教学流程、学习方式、学习地点、学习场景等。实际上，很多教师上课时并不使用教材，而是想方设法寻找各种教学资源以达成课程目标的要求。在教学行为上，教师间的团队教学越来越流行，如有人负责备课、有人负责组织、有人负责活动等。校长不能随意辞退教师，除非他在课堂上呼呼大睡、经常性缺课、性骚扰等。校长对教师的这种信任能够充分激发教师的责任感和积极性。

学校的一切工作以学生为核心，以学习为目标，教师只是学生学习过程中的一个资源。教师的教学方法必须满足学生的要求，必须适应时代的需要。校长充分利用教师资源，实现学校的愿景，以帮助学生健康、快乐成长。在芬兰，社会信任学校、政府信任校长、校长信任教师、家长信任教师、教师信任学生。整个社会形成了一个"绝对信任的循环圈"。这个循环圈体现了合作、公开与公正、责任感，反映的是文化上的平等。正是这种循环圈，支撑着芬兰教育的良性发展，这是芬兰教育最为独特之处。

四、教育评估的灵活性和发展性

好的课程还需要好的评估，当前，国际通用的评估类别有三种：基于效果的评估、基于提高的评估、基于学习的评估。芬兰的所有评估都是基于学习的。

政府从不监督、问责学校，也不过问具体的教学事务。对学校的评估是由国家教育管理委员会组织第三方机构进行的，往往采用抽样的方式，针对部分学生进行评估。评估的数据仅供政府参考，作为政府为学校提供服务的基础数据。地方政府也会进行评估，结果用于财政拨款和区域教育均衡。在绩效拨款方面，往往更侧重于评估相对较低的学校。评估结果不好，说明这所学校可能有更多需要支持的孩子，学校还存在着较多的问题，这就更需要政府的帮助。评估结果较好的学校，说明一切工作运行顺畅，只要继续保持就行了，无须得到帮助。所有的评估结果只告诉学校，各校之间彼此并不知道对方的情况，政府部门也不会按绩效评估对学校进行排名等。

对教师基本上是没有评估的。一方面，教师选拔非常严格，申请师范资格的录取比例大约只有10%，所有中小学教师均有硕士学位，他们有非常高的职业素养和专业水准，校长对教师充分信任。另一方面，教师所有活动都必须遵守国家核心课程标准，而国家核心课程标准成了法律，守法是每个公民的基本要求。在学校，没有所谓的班级成绩排名、没有职称评定，教师没有"好""坏"之分。校长绝不会到课堂中去监督、检查，学校没有监督问责机制，不会对教师进行考核和评估。

对学生的评估始终是积极的、阳光的，是支持学生发展的。评估不仅仅是检查学习的效果，更多的是基于提高，促进学习。评估的途径包括学生自我评估、师生对话、教师与家长对话、教师与校长对话、考试等方式。每年结束时，学校都会给学生一个口头或书面的评估报告，有时是以文字的形式呈现，有时会以4～10分的数字形式呈现。芬兰要求利用评估反映学生是否达到既定目标，对知识的掌握程度与课程要求上的差距，以指导和鼓励学生，尽量避免学生之间的相互比较。

下面是坦佩雷微内松学校一年级学生的评估表（见表1）。

表1　坦佩雷微内松小学一年级学生的评估表

项目	☀	⛅	☁	🌧
能集中精力				
能承担责任，完成任务				
能照看好自己的财物				
能独立完成家庭作业				
想独立表达观点前能询问				
不影响、打扰别人				
能与朋友友好相处				
能参与课堂活动				
能与他人相处				
能参加团队活动				
有良好的习惯				
能安静午餐				
课间休息时能快速到室外				

　　这个评估表的内容充分考虑了小学低年级孩子的成长规律和学习能力，更多的是强调个性独立、责任意识、合作学习、集体参与等习惯的养成。评估结论是晴、阴、多云、雨等非常形象的描述。具体操作程序是：首先，让孩子自己给自己进行评估，孩子们会在相应的空格中打上"√"。其次，教师会跟孩子一起逐项进行评估，如某一项孩子自己记了"晴"，教师会举事例说这一项你做得还不够好，建议记成"阴"。再次，教师会跟家长逐项核实，形成评估意见。有时教师还会跟校长一起讨论。最后，在评估表的下面，学生、家长、教师、校长分别签名，就形成了正式的评估结论，存于学校成长档案。

　　对学生的评估是持续性的、日常性的，并不是学年末才进行，它会在日常学习中经常出现。学生通过这种评估，也能从中不断反省、检查自己，因此评估本身就是一个学习的过程。

　　教育理念决定课程标准，课程标准引领教育行为，教育行为制约授课方式，授课方式影响教学效果。国家顶层依法决策，地方政府强力支撑，社会各界竭力服务，中小学校具体实施，全体教师精准施教，一幅信任、全纳、公正、平等的面向未来的教育图景就是这样被打造出来的。

芬兰的现象教学及其启示 [1]

　　2017年底，广州市第三批教育专家"中芬基础教育思想与实践比较研修"团一行20人赴芬兰学习。本次学习，我们全方位接触了芬兰的课程体系、校长领导力、评价体系、教师培训、现象教学、学习空间设计、通识教育、艺术教育等，直观、真实地感受了芬兰教育，而有关现象教学法，则给我留下了非常深刻的印象。

　　和万达学校是坦佩雷郊外的一所农村九年一贯制学校。在这里，我们观摩了学校现象教学周的实践活动展示。因为2017年12月6日是芬兰独立100周年，所以早在一周前，学校就指定了本次关注的现象：20世纪的芬兰人生活（芬兰百年）。各年级、各班级按学校统一要求选择芬兰独立以来某个年代的某一项生产、生活状况进行呈现，如20世纪10年代、20年代、30年代的服饰、建筑、学校、饮食、音乐、宗教、头饰等。学生按照兴趣和意愿分组进行。学生通过阅读书籍、参观场馆、走访老人、上网查阅等方式收集相关资料，了解情况，分门别类地进行整理。然后设计展示方式，展示方式包括大幅海报、实物作品、手工图

---

① 该文发表于《师道·人文》2022年第7期。

书、PPT、MV等。我们参访学校时，所有的前期准备工作都已完成，当天及接下来的几天是展示、解说、参观的进修。全校所有课室都被设计成了展示的场所，课室走廊上全部张贴着学生的作品，课室内的墙壁、黑板、课桌、天花板、投影等都被学生利用起来。全校所有学生有组织、分批次进入各个场所观看和了解，每一处展示都有学生现场解说，或者有说明书，或者有电子解说。整个展示活动，从小学一年级到初中三年级全校学生全部参加。这个活动，学生投入时间较多，团队合作，精心准备；展示期间，学生看到了他人的成果和作品，十分活跃；看到自己的作品被别人赞扬，学生心里由衷的自豪。最大的收获是，看完全程，学生对芬兰独立以来百年历史发展的全貌有了一个非常清楚的、系统的、全方位的认识，这比单纯的教科书更直观、更有实效。

在活动现场，见到了很多令我们惊奇的作品：初一年级某班展示的是20世纪20年代的服饰，有海报介绍、PPT展示，也有他们自己缝制的衣服；在初一年级另一个班，展示的是20世纪30年代的房屋，有沙盘、大量的房屋图片、用木头搭建的房屋模型及一本厚厚的说明书；在小学三年级的课室，展示的是20世纪40年代的家庭，他们呈现的有家庭成员的资料及照片、家具模型、生产工具照片及部分模型、学生手工编织的长短不一的棉袜子。我们惊叹于学生的动手能力。据介绍，在芬兰，不论男女，都能做木工、缝纫，家庭的日常小问题，他们基本上都能自己动手解决。

现象教学是芬兰新课改首创的概念。从2013年起，芬兰就开始在赫尔辛基进行现象教学的试验。所谓现象教学，就是学校选取一些与社会生活、学生实践密切相关的社会现象，由学生透过这些现象，自行确定主题，然后组建团队，集体"做研究"，形成研究成果。这个过程的重点是主题的确定，这必须在完整、准确地理解和解读现象之后才能得出。难点是研究的过程与方法，学生要明确研究内容、研究方法、研究步骤、涉及学科、组织与评价等。事前设定特定的任务目标，学生在合作和探究的过程中实现任务目标；事后要有报告或研究结论。从根本上看，这种方法与传统的分科教学方式完全不同，它以学生的认知作为教育核心，而非传授的教学内容。现象教学目前在芬兰的小学和初中阶段已十分普及，部分高中也开始推广。

坦佩雷应用科技大学资深教育培训专家拉特伦教授向我们介绍，一般来说，学习方法有四种：基于项目（project）的学习、基于问题（problem）的学习、基于现象（phenomenon）的学习、基于激情（passion）的学习。他称之为"4P"学习法。他认为，现象教学超越了项目式学习，因为这是完全以学生为中心的教学法，学生自己选择现象中的某一内容进行学习，根据现象的情况，可以选择自己完成，也可以选择合作完成。他说，真正的现象教学实现了同伴一起工作（working together）的目标：一起计划（planning together）、一起学习（studying together）、一起研究（learning together）、一起评估（assessing together）。他说，现象教学产生的效果及对孩子的心理正向影响是其他学习方法无法比拟的。

拉特伦教授给我们举了一个例子。一所农村小学部分三年级的学生发现了一个现象：夏天时在水面上可以看到鱼，而冬天时看不到。他们思考后得出一个结论：由于气温的变化，不同季节鱼在水里游的深度会发生变化。在此基础上，他们提出一个问题：冬天时鱼在水里到底游多深？为了解决和探究这个问题，他们一群志同道合者联合起来，建立研究小组。他们查找资料、走访渔民、请教鱼类专家、求助老师和家长。他们用过最原始的方式进行实地检测，但效果不理想。后来，他们还求助专业的工程技术人员，借用专业测量工具、采用声呐技术和传统的钓鱼工具，在冬天，凿开冰层，在不同水域进行现场测量。最后，他们得出结论：冬天，越靠近冰层的水温越低，越远离冰层的水温越高，7米深的水，温度会比水面高出4℃左右；夏天，越靠近水面的水温越高，越远离水面的水温越低。

"冬天的鱼到底游多深"这个研究是典型的现象教学法。学生自己发现了一个现象，并从这个现象中形成一个粗浅的认识，然后运用多种方式来证明，以得出结论。这就是胡适所倡导的科学研究方法："大胆地假设，小心地求证。"在整个过程中，现象是学生自己看到的身边事，假设是学生自己思考后提出的，求证过程是学生自己借助多方资源完成的，最终的结论也是他们自己形成的。这样的研究是很有价值的，研究方法是否妥当、研究过程是否科学、最终结论是否正确，已经不重要了，重要的是孩子们参与了，他们学会了怎么进行研究、怎么与同伴合作，还接触了大量的学科专业知识和现代科学技术。这样的效果是课堂教学永远得不到的，用现象教学法得到的知识，学生一辈子都不会忘记的。

与传统教学相比，现象教学的优势是非常明显的。

（1）跨学科横向融合。

现象教学的现象往往涉及多个学科领域，有助于打破学科间的界限，突破单一学科教学的单线思维的束缚。例如，"20世纪的芬兰人生活（芬兰百年）"这一现象涉及的学科包括芬兰语、瑞典语、历史、地理、信息技术、美术、音乐、手工制作等，学生思维越丰富、视野越开阔，涉及的学科可能会更多。学校提供的现象往往也是"大"现象，学科跨界大、知识容量大、涉及范围大。例如，和万达学校前几年给予学生的现象还有：人类环境与将来、和平与冲突、欧盟的发展等。现象教学并没有弱化学科知识，相反，它是建立在学科知识基础之上的跨学科学习，本质是通过硬性的手段（国家课程标准）将部分学科"彻底打通"。以问题驱动，多学科协同，这也是现代社会人才需求的重要变化，芬兰教育正是面向未来的教育。芬兰的课程设置体现了跨学科、全融合、无边界的特征，力求打破学科之间的界限、加强学科之间的整合交融，将学生引入更宽广的教育领域，以适应未来社会的需要。近几年，国内逐渐兴起的STEAM教育，就是集科学、技术、工程、艺术、数学于一身的综合教育，旨在打破学科疆域，通过对学科素养的综合应用解决实际问题，同时培养综合性人才。这是时代的需要。

（2）小团队合作学习。

从学习方式来看，现象教学强调的是合作学习，合作探究替代了自主学习。现象教学涉及的问题较多、知识庞杂，需要团队合作，单打独斗、孤军奋战是不可能完成的。一个项目从观察现象、提炼主题，到制订计划、分配任务、组织实施，再到交流展示、评估总结，学生都"打包"在一起，大家必须"抱团"，全员、全程、全方位参与。小组合作学习，能够提高学习效率，也能增强同学之间的信任感、责任感和集体意识。在信息收集与整合、学科交叉与运用中能较好地考量团队成员间集体合作与协同、师生交流与表达的水平和能力，能较好地培养学生集体意识、妥协智慧。这也是现代社会对人才的要求。

（3）内驱力充分激活。

从学习主体来看，学生中心替代了教师中心。在现象教学中，教师是配角，甚至是观众，几乎退出了课堂。学生才是教学的主体，小组成员怎么分工、怎么合作、怎么设计方案、怎么组织素材、以什么形式呈现作品，全都是学生说了算。学习过程中，人人都是主人，整个课程，基本上都是学生自己完成。关键时刻教师可以指导，但更多的是辅助。这种教学真正意义上满足了学生"当家作主"的愿望，其实效也更明显。学校给定的现象往往与学生生活密切相关，是学生感兴趣的话题，从一开始学生就有了强烈的参与欲望，如人类环境与未来、冲突与和平等现象都是学生身边可以看到、能够体验、有自己认识的一些现象。这样的学习任务更加生活化和情景化，有助于学生体认和理解。围绕特定的主题，结合项目式、情境体验式和合作学习等方式能有效地激发学生内驱力，极大地提高学生学习的积极性。这样的课堂、这样的学习方式，完全颠覆了传统的师生关系。

（4）多技能得以培养。

现象教学涉及的问题较多，涵盖的知识丰富，需要学生多角度思考、大范围协调、全方位解决。这个过程既能较好地培养学生动脑的"软"技能，如沟通协调能力、语言表达能力、阅读思维能力、组织整合能力、筛选甄别能力等；也能培养学生动手的"硬"技能，如"20世纪的芬兰人生活（芬兰百年）"项目中学生作品体现出来的资料收集与整理能力、信息技术处理能力、场室设计与布置能力、手工制作能力（木工、缝纫、烹饪、绘画、针织）等。所有学生的双手和大脑都得到释放，从而使其智慧和技能得到展示与提升。

（5）全过程多元评价。

从评价方式来看，现象教学侧重于全过程、多方位进行评价。在芬兰的中小学校，教师对学生的评价主要来源于两个方面：一是学生自我评价，二是相关人员协商评价。自我评价由学生自己完成。协商评价包括同伴之间的协商、师生之间的协商、教师与家长之间的协商、校长与教师之间的协商等。现象教学中，教师会对全体参与人员进行评价，给出一个评价表，让学生评价自己在整个过程中的表现，也会让同伴互相评价。从评价的依据来看，注重的是过程，而不是结果，即"重在参与"。现象教学中，教师关注的并不是作品的质量优劣，而是是否有作品、是否完成作业。一般情况下，只要收集了作品，不管质量高低，都会让学生展示。在展示环节，教师也会给出一个评价表，让参观的其他人员进行评价。教师并不会给作品记分，更不会评选出一、二、三等奖。实际上，在这个过程中，学生的多方面能力得到了培养和锻炼，创新的思维和意识得到了加强，这比纯粹的知识获取更为关键，作品的优劣、效果的好坏真的不那么重要。这种对学生的评估方式始终是积极的、阳光的，是支持学生发展的。评估不仅仅是检查学习的效果，更多的是基于提高，促进学习。

现象教学法只是一种学习方式，有其合理性、实效性，芬兰中小学普遍推行这一学习方式，也能给我们的基础教育以一定的启示。但这种学习方式，有其前提和要求，切不可一味模仿。因为，它必须建立在学生主动参与、学科知识扎实、集体观念浓厚的大背景之下，先把这些工作做好，现象教学也就水到渠成了。

不一样的"味"：芬兰中小学课堂教学感悟

在芬兰，教育改革从未停止，平等教育、全纳教育、个性教育的理念深入人心，核心素养、现象教学、跨科教育的方法渐趋常态。在芬兰学习期间，我们先后走进了7所中小学校，旁听或观摩了不少的课，包括生物课、瑞典语课、化学课、科技课、烹饪课、美术课、家政课等。这些课，让我们见识了芬兰先进的教育理念、一流的教学设施、适切的教学方法、高素质的教师队伍，也切实地感受到了芬兰的中小学课堂有着不一样的"味"。其中，赫尔辛基艾斯比国际学校一节小学五年级的历史课给我留下了非常深刻的印象。

赫尔辛基艾斯比国际学校是由废弃工厂改建而成，学生来源于不同国家，语言不一、文化不同，学生的教育层次也有着很大的差异。但教师设计的这节课却有着普适的教育理念，所有学生都能接受和理解。

这是一节阶段性检测课，是在学完古希腊历史后教师专门安排的。作为检测，既不是让学生做题、考试，也不是写学习总结、心得等，而是要求学生三人一组，用电脑编程、设计一个介绍古希腊知识的动画或宣传作品。作品中必须有图像、文字、动画、情节、知识等，既要求介绍古希腊历史，又要与现实相结合。要求有可读性、知识性、趣味性。这样一个作业，让我们这些来自广州的教育专家培养对象大吃一惊。这哪是作业啊，简直就是一个高端的设计作品！要知道这可是小学五年级的学生，而且要求在课堂45分钟内完成。我们真替这些孩子担忧！但作业布置后，孩子们神态自然，完全没有惊慌、恐惧的表情。课程结束时，从孩子们平静、安逸、享受的脸上可以知道，他们都完成了作业。

课后，通过交流，我们知道这样的课在芬兰中小学校是一种常态。这些课程也真实地诠释了芬兰的教育理念，较好地体现了芬兰教育的特点。

（1）从课堂组织来看，松散随意替代了强硬规则。上课伊始，学生从专用的电脑柜中拿出学校配备的手提电脑后坐在自己的座位上，等候教师安排和分配教学任务。教师寥寥数语将本节课的学习任务和要求布置下去，并用电脑随机分组以后，学生很快重新组合，并选择自己喜欢的地点和方式进行学习：有的在课室内，有的去走廊，有的坐在课桌边，有的或坐或躺在沙发上，还有的坐在地板的地垫上。学生学习方式多样，灵活性强，个性自由得到充分发挥。在这里体现了惬意、快乐和个性，看不到权威、强制和标准。整个课堂中，学生很享受、很快乐，他们真的是在做自己喜欢的事。

（2）从课堂主体来看，学生中心替代了教师中心。上课开始，教师布置任务；下课前，学生把作品发到指定的平台。其他时间，教师基本上无所事事，她有时在电脑上查看各组进展情况，有时在课室巡查，有时给予学生相应的帮助，也有较长时间没看到她。这样的课堂，完全颠覆了传统的师生关系。教师是配角，甚至是观众，几乎退出了课堂。学生才是课堂的主体，成员怎么分工、怎么合作、怎么设计方案、怎么组织素材、以什么形式呈现作品，全都是学生说了算。课堂上，人人都是主人，整个课程，基本上都是学生自己完成，有效地激发了学生的内驱力，极大地提高了学生学习的积极性。教师关键时可以指导，但更多的是辅助。这种教学从真正意义上满足了学生"当家作主"的愿望，其实效也更明显。

（3）从教学目标来看，技能目标替代了知识目标。与其说这是一节历史课，不如说是一节信息技术课。课堂唯一与历史有关的就是古希腊历史知识，而课堂上更多的是对学生信息技术的实践操作能力提出了要求，包括利用互联网收集与获取信息的能力、加工与处理信息的能力、传递与存储信息的能力等。据了解，芬兰学生从小学一年级就开设信息课（电脑课），三年级开始接触编程，五年级时已经得心应手了。进入中学阶段后，没有电脑课了，但学生信息技术能力却非常强。

（4）从学习方式来看，合作探究替代了自主学习。这节课采用了芬兰流行的小组合作项目式学习的方式进行。为什么是三人一组呢？事后通过交流了解到，超过四人，11岁的孩子（五年级学生）在一节课中有时难以协调和应对，少于三人可能又无法完成一个项目。课堂上，我主要跟踪了一个组，他们的分工是这样的：一人负责收集相关图片、影像资料，一人负责文字资料的整理，一人负责编程，三人联网，信息即时共享。小组合作学习，能够提高学习效率，也能增强同学之间的信任感与责任感。在信息收集与整合、学科交叉与运用中能较好地考量团队成员间集体合作与协同、交流与表达的水平和能力，更能较好地培养学生集体意识、妥协智慧。

（5）从知识依托来看，综合知识替代了学科知识。在芬兰，小学教师大多是全科教师，是没有学科区分的。这节课充分体现了跨学科知识的融合，涉及历史、地理、美术、艺术、信息、芬兰语、英语乃至数学、物理、宗教等学科知识，学生思维越丰富、视野越开阔，涉及的学科就越多。问题驱动，多学科协同，这也是现代社会人才需求的重要变化，芬兰教育正是面向未来的教育。

（6）从评价方式来看，过程评价替代了结果评价。在芬兰的中小学校，教师对学生的评价方式主要有两种：一是自我评价，二是协商评价。自我评价由学生自己完成。协商评价包括同伴之间的协商、师生之间的协商、教师与家长之间的协商、校长与教师之间的协商等。从评价的依据来看，注重的是过程，而不是结果，即"重在参与"。这节课，教师关注的并不是作品的质量优劣，而是是否有作品、是否完成作业。一般情况下，收集作品后，会让学生展示，老师不会给作品记分，会有一个评价表，让学生自己评价和组内其他同学评价。实际上，在这个过程中，学生的多方面能力得到了培养和锻炼，创新的思维和意识得到了加强，这比纯粹的知识获取更为关键，作品的优劣、效果的好坏真的不那么重要。

课堂教学改革到底该怎么改？什么样的课堂才是真正的课堂？这节历史课似乎给了我们一些启发。我觉得，片面追求所谓的高、大、上，其实际可能会是假、大、空，是作秀，是演戏，并不是真课堂。一向平朴、率直的芬兰人的探索值得我们思考。